Otto von Habsburg

Zurück zur Mitte

Otto von Habsburg

Zurück zur Mitte

Amalthea

© 1991 by Amalthea Verlag Ges. m. b. H.,
Wien · München
Alle Rechte vorbehalten
Umschlaggestaltung, Lektorat und Herstellung:
VerlagsService Dr. Helmut Neuberger
und Karl Schaumann GmbH, Heimstetten
Satz: Filmsatz Schröter GmbH, München
Gesetzt aus der 11/14 Punkt Times
Druck und Bindung: Wiener Verlag, Himberg
Printed in Austria
ISBN 3-85002-292-7

INHALT

VORWORT

Seit Jahren war es eine wichtige Aufgabe der Paneuropa-Union wie auch eines meiner Arbeitsziele im Europa-Parlament, aus unserem politischen Sprachschatz jene Elemente auszumerzen, die uns durch die gezielte Propaganda der sowjetischen Führung und des Desinformations-apparates des KGB untergejubelt wurden. Es war Bestandteil des »Dritten Weltkrieges«, wie Solschenizyn die subversiven Angriffe der Weltrevolution auf den Westen in den letzten Jahrzehnten mit Recht genannt hat, uns eine Sprache aufzuzwingen, die den Zielen Moskaus entsprach. Viele Menschen im Westen merkten überhaupt nicht, daß sie vielfach eine marxistische oder dem Sowjetimperialismus dienende Ausdrucksweise verwendeten. Dabei hätte man verstehen müssen, daß jener, der den politischen und ideologischen Gegner veranlaßt, seine Sprache zu übernehmen, die Schlacht des Geistes bereits zur Hälfte gewonnen hat.

Das galt besonders für die Tatsache, daß der Begriff »Mitteleuropa« so gut wie gänzlich aus unserem Sprachschatz ausgemerzt worden ist. Man kannte in Europa nur mehr Ost und West. Diese Einteilung war schon darum absurd, weil sie Prag zum Osten und Wien zum Westen rechnete, obwohl ein Blick auf die Karte zeigen mußte, daß die Hauptstadt Böhmens weiter westlich als die österreichische Donaumetropole liegt.

Es war in der Europäischen Gemeinschaft einer der ersten wirklichen Siege zugunsten der Völker Mitteleuropas, daß es uns Anfang der achtziger Jahre nach hartem Ringen gelang, vom damaligen Präsidenten der Europäischen Kommission, dem liberalen Luxemburger Gaston Thorn, zu erreichen, daß er seinen Beamten den Ausdruck »Osteuropa« als Bezeichnung für das unter sowjetische Herrschaft geratene Mitteleuropa ebenso untersagte wie das Kürzel BRD für die Bundesrepublik Deutschland. Die einzelnen nationalen Regierungen haben in Sachen Mitteleuropa leider erst später nachgezogen.

Eine rühmliche Ausnahme war Bundeskanzler Kohl. Dies hing nicht nur mit seiner hervorragenden Geschichtskenntnis zusammen, die von Anfang an das Fundament seiner erfolgreichen Politik war, sondern auch mit einer Begebenheit, die er immer wieder erzählt. Bei einer Papstaudienz sei ihm im Zusammenhang mit Polen das Wort Osteuropa herausgerutscht, worauf ihn der Heilige Vater sofort unterbrach und »Mitteleuropa« sagte.

Auch in der EG kam es immer wieder zu Rückfällen, und selbst heute noch werden Papiere über Ungarn, die Tschecho-Slowakei oder Polen als Dokumente zu Osteuropa bezeichnet. Immerhin hatte unser Druck auf Thorn aber erreicht, daß seitdem der Begriff »Mitteleuropa« wieder auf der geistigen Landkarte der Westeuropäer aufschien. Hinzu kam die kulturelle Mitteleuropa-Diskussion, die oppositionelle Literaten hinter dem Eisernen Vorhang bereits entfachten, als uns dieser noch trennte.

Inzwischen ist Mitteleuropa auch in die praktische Politik wieder zurückgekehrt. Die Befreiung dieser Länder von der Unterdrückung aus dem Osten – wobei das »DDR« genannte Mitteldeutschland eine besondere Rolle spielte – erfolgte, wurde, man könnte es beinahe symbolisch nennen, von der Fluchtwelle nach dem Paneuropa-Picknick an der österreichisch-ungarischen Grenze ausgelöst.

Massendemonstrationen, friedliche Aufstände und eine Wiederbesinnung auf die europäische Kultur und Geschichte erlebte im Gefolge dieses Ereignisses der ganze Raum, auch wenn es in der Nachbarschaft nach wie vor Diktaturen gab. Vielfach fiel nicht nur der Eiserne Vorhang, sondern mit ihm auch der Visumszwang. Grenzüberschreitende Feste vereinigten Menschen, die schon bisher nebeneinander gewohnt hatten, aber einander zuvor schlechter erreichen konnten als fremde Kontinente. Auch für mich wurde es möglich, Länder zu besuchen, die ich entweder als Kind letztmals hatte betreten dürfen oder denen ich mich geschichtlich und politisch verbunden fühlte, obwohl ich sie niemals gesehen hatte.

Dies fand seinen Niederschlag in zahlreichen Artikeln, die vor allem dem Gedanken gewidmet waren, daß die frei gewordenen wie die noch unfreien Völker unseres Kontinentes ein »Recht auf Europa« besitzen. Diese Arbeiten erschienen in verschiedenen Presseorganen der freien Welt. Das vorliegende Buch ist die Fortentwicklung solcher Artikel und Vorträge.

Einigen Zeitungen und Zeitschriften schulde ich Dank dafür, daß sie mir völlige journalistische Unabhängigkeit in einer Zeit gewährten, die einmal die Epoche der Befreiung Mitteleuropas genannt werden wird und natürlich zunächst heftige Kontroversen über die künftige Entwicklung auslöste. Besonders bin ich den »Vorarlberger Nachrichten« verpflichtet, in denen ich jede Woche einen Kommentar veröffentliche, aber auch der »Finanz und Wirtschaft« in Zürich, den »Dolomiten« in Bozen, der »Sudetendeutschen Zeitung« in München, dem »Westfalenblatt« in Bielefeld und dem »Luxemburger Wort« sowie einigen andern. Sie alle haben mir erlaubt, in voller Freiheit das zu sagen, was ich in der Europapolitik für wesentlich halte.

Diese Artikel wurden im vorliegenden Band vielfach ergänzt, vor allem durch Eindrücke, die ich von meinen Besuchen in den mir bislang verschlossenen Ländern Mitteleuropas mitbrachte. Es wird auch über die Hintergründe des Paneuropa-Picknicks berichtet.

Nunmehr ist die Zeit des Feierns vorbei. Uns ist die Aufgabe gestellt, die Mitteleuropäer – auf dem Weg zu einem echten Großeuropa – in die Europäische Gemeinschaft einzubeziehen. Die wichtigsten Anstrengungen gehen von ihnen selbst aus, doch wir wollen sie helfend begleiten.

Schon ist der erste Schritt getan worden, weil Ungarn mit dem 6. November 1990 Vollmitglied des Europarates ist, jener Staatenorganisation, deren Erfinder der Gründer der Paneuropa-Union, Richard Graf Coudenhove-Kalergi, war.

Weitere werden Ungarn nunmehr folgen oder sind ihm vielleicht sogar schon gefolgt, wenn diese Zeilen erscheinen.

Damit ist allerdings das Ziel längst nicht erreicht. Nun muß den Völkern Mitteleuropas auch der Zugang zur Europäischen Gemeinschaft geebnet werden. Bis dahin gilt es, alles zu tun, um ihnen in den schweren Jahren vor der Vollmitgliedschaft zu ermöglichen, daß sie schon jetzt ihren Teil möglichst bald möglichst viel zur europäischen Einigung beitragen, aber auch bereits Nutzen aus ihr ziehen können. Es ist nicht ihre Schuld, daß sie mehr als vierzig Jahre lang durch die sowjetische Fremdherrschaft viel versäumt haben. Deshalb ist es unsere Pflicht, in der EG für sie nicht nur zu arbeiten, sondern auch zu werben. Den bisherigen zwölf Mitgliedern der Gemeinschaft muß klargemacht werden, daß Großeuropa auch in ihrem Interesse liegt.

Bei der Arbeit für Großeuropa haben mir meine Wähler in Bayern seit 1979 festen Rückhalt gegeben. Ich bitte sie, dies auch weiterhin zu tun. Bayern war immer ein europäisches Zentrum, ja oft die Festung Europas. Wenn Europa von raumfremden Kräften überflutet wurde – Tartaren, Türken oder Sowjets –, erwies es sich vielfach als letztes Bollwerk. Was auf meine bayerischen Wähler zutrifft, gilt auch für die treuen Freunde in Österreich und im übrigen Mitteleuropa sowie für Menschen weiter im Westen, die stets an unserer gemeinsamen, der großeuropäischen Idee festgehalten haben.

Die Freiheit ist noch nicht vollendet. Es läßt sich aber hoffen, daß wir schon jenseits des Punktes angelangt sind, von dem man noch einmal in die wenig glückliche jüngste Vergangenheit zurückkehren kann. Diesen Erfolg verdanken wir dem Mut und dem Einsatz der Völker des ehemaligen »Ostblocks«, die sich nie den Glauben und die Hoffnung haben nehmen lassen. Als Christen und Europäer schulden wir – die wir das Glück hatten, im freien Westen zu leben – ihnen nicht nur Dank, sondern auch Opferbereitschaft, um ihnen zumindest ein wenig von dem Glück zurückzugeben, das ihnen aufgrund der Wechselfälle der Geschichte geraubt wurde. Dabei dürfen wir auch die Vertriebenen und Flüchtlinge nicht ausklammern, die in schwerer Zeit die Vorhut eines freien Gesamteuropa waren.

Vertrauen, Mut und Optimismus sind das Gebot der Stunde.

6. November 1990   Otto von Habsburg

12

PANEUROPA-PICKNICK

Wer heute die Wiedergeburt Mitteleuropas oder die Einheit Deutschlands feiert, sollte nicht vergessen, daß am Anfang das Paneuropa-Picknick vom 19. August 1989 an der österreichisch-ungarischen Grenze bei Sopron/Ödenburg stand. Begonnen hatte alles am 19. Juni desselben Jahres, dem Tag nach der dritten Direktwahl zum Europaparlament, bei einem Abendessen im ostungarischen Debrecen. Noch herrschten die Kommunisten. Nach einer Versammlung der damaligen Oppositionsbewegung und heutigen Regierungspartei »Magyar Demokrata Forum« schlug mir der jetzige Parlamentsabgeordnete dieser Gruppierung, Lukács Szabo, vor, ein grenzüberschreitendes Fest zur Überwindung des »Eisernen Vorhangs« zu veranstalten. Der reformerische Flügel der ungarischen kommunistischen Regierung hatte sich im Sinne einer Liberalisierungspolitik bereitgefunden, die Grenzanlagen aus Stalins und Rákosis Zeiten abzubauen. Der entsprechende Akt sollte mit Hilfe der Paneuropa-Union und des Demokratischen Forums durchgeführt werden. Das war durchaus logisch, da erstere als einzige Europa-Organisation stets großeuropäisch eingestellt war und die Jalta-Linie niemals als Grenze betrachtet hatte, auch zu einer

13

Zeit, da sich andere Europaverbände bereitwillig mit dem »Status Quo« abfanden. Das Demokratische Forum wiederum, damals noch keine Partei, sondern eine halb-legale Sammlungsbewegung von Gegnern des kommunistischen Einparteienstaates, hatte von Anfang an für Ungarns Eintritt in die Europäische Gemeinschaft geworben. Eine Zusammenarbeit zwischen beiden lag also förmlich auf der Hand.

Bei den ersten Planungen konnte noch niemand ahnen, daß das Picknick vom 19. August weltweit Schlagzeilen machen würde. Doch als 661 Mitteldeutsche nach Durchschneiden des Stacheldrahtes durch das offene Tor nach Österreich stürmten und so die größte Massenflucht von Deutschen aus der »DDR« seit dem Mauerbau achtundzwanzig Jahre zuvor erfolgte, war der »Eiserne Vorhang« auch weltpolitisch nicht mehr zu halten. Der Fluchtwelle schlossen sich weitere an, der Massenausreise Massendemonstrationen sowie die Maueröffnung und der Sturz der roten Tyrannen von der Ostsee bis zur Adria. Natürlich lagen die Ursachen für diese Entwicklung tiefer, das Ende der Teilung war für den, der sich trotz ideologischer Nebelwerfer den klaren Blick bewahrt hatte, seit Jahren absehbar. Doch das Picknick erwies sich als der Funke im trockenen Holz des Unrechtssystems von Jalta.

Man hat später viel über das Paneuropa-Picknick spekuliert und alle möglichen dunklen Hintergründe vermutet. Auch der greise Erich Honecker hat seinen Teil dazu beigetragen, als er Robert Maxwell, dem britischen Verleger seiner schönfärberischen und verlogenen Memoiren – in denen das wichtigste Ereignis seines Lebens, nämlich

14

das Ende der »DDR« noch nicht enthalten sein konnte –
»enthüllte«: Ein gewisser Otto von Habsburg und seine
Helfer hätten ahnungslose »DDR«-Touristen übertölpelt,
indem sie diese mit Geldgeschenken »und Schokolade« an
die Grenze und durch falsche Versprechungen in den
Westen gelockt hätten. Dieses gespenstische Interview
erschien im »Daily Mirror« und signalisierte der freien
Welt mehr als vieles andere, daß die »DDR« ihren vierzig-
sten Jahrestag, zu dem Ostberlin den Ereignissen zum
Trotz rüstete, nur um einige Monate überdauern würde.

Entgegen allen mystifizierenden Deutungen war am Paneuropa-Picknick nichts Geheimnisvolles. Die Paneuropa-
Union hat immer eindeutig gesagt, welches Europa sie
will. Sie hat sich nicht gescheut, die Dinge beim Namen zu
nennen, auch dann, wenn es den Machthabern nicht paßte.
Ihre Veranstaltungen waren trotz geringer Mittel schon
darum immer lebendig und gut besucht, weil sie von einer
äußerst aktiven Jugend getragen wurden, die eine klare
Sprache schätzte.

Wie sehr dieses grenzüberschreitende Fest offen und alles,
nur nicht konspirativ war, zeigte sich schon darin, daß das
Ehrenprotektorat des Unternehmens der damalige re-
formkommunistische Staatsminister Imre Pozsgay übernommen hatte. Er war dort durch einen Staatssekretär
vertreten und ich als zweiter Schirmherr durch meine
Tochter Walburga. Auch war die Veranstaltung lange
vorher in Presse und Rundfunk angekündigt worden. Kein
Wunder daher, daß zahlreiche »DDR«-Deutsche, die in
Ungarn ihren Urlaub verbrachten, von dem bevorstehenden Ereignis Kenntnis erhalten hatten – ein Teil von ihnen

durch die Malteser der tapferen Csilla von Boeselager und ihre Helfer.

Wenn die Grenzfeier zur Weltsensation wurde, so nur darum, weil man sich allerorts erstaunlicherweise wieder einmal nicht ausreichend mit den Tatsachen befaßt hatte. Nur wenige schienen verstanden zu haben, wie verzweifelt die unglücklichen Untertanen Erich Honeckers waren. Manche sprachen gar von der sozialistischen Alternative zur Bundesrepublik. Doch die Menschen konnten in dem benachbarten Polen und Ungarn eine Entwicklung zum Besseren beobachten, während in ihrem Land und damals auch in der Tschechoslowakei das jeweilige Regime nicht bereit war, dem Volk auch nur ein wenig entgegenzukommen.

Die eigenen Leiden wurden um so schmerzlicher, je mehr man diese in der Ära Gorbatschow nicht mehr als unabwendbares Schicksal betrachtete. Dabei hätte die Flucht von »DDR«-Bürgern in die Vertretungen der Bundesrepublik nicht nur zeigen können, was die Menschen wollten, sie unterstrich auch die Tatsache, daß alle feierlichen Zusicherungen des SED-Regimes – wie die Schlußakte von Helsinki – nicht einmal das Papier wert waren, auf dem die Unterschrift Honeckers stand. Das Menschenrecht auf Freizügigkeit wurde in der »DDR« noch immer zynisch mißachtet, von Rumänien gar nicht zu reden.
Man hat viel darüber spekuliert, warum nichts getan wurde, um die spontane Fluchtbewegung zu verhindern. Auch das war logisch. Die westlichen Paneuropäer hatten offen begrüßt, daß die unglücklichen Menschen einen Weg in die Freiheit gefunden hatten, und wären ihrem Pro-

16

gramm untreu geworden, hätten sie sich zu Gehilfen der in der »DDR« herrschenden Unholde gemacht. Die Ungarn wiederum mußten Jahrzehnte schwerster Unterdrückung unter dem Kommunismus erleiden. Sie wußten, was Freiheit bedeutete, weit mehr als zahlreiche satte Wohlstandsbürger der Demokratien. Sie hatten demnach volles Verständnis für die fliehenden Deutschen.

Auch vergaß man im Westen, daß Gastfreundschaft und die Bereitschaft, den Verfolgten zu helfen, eine alte Tradition des ungarischen Volkes ist. Wer erinnert sich heute noch, daß viele Zehntausende, ja Hunderttausende Polen und Juden vor mehr als fünfzig Jahren nach Hitlers Siegen Zuflucht und einen Weg in die Freiheit über Ungarn fanden, obwohl Berlin darüber tobte und Ungarn auf dem Papier ein Verbündeter des Dritten Reiches war. Nur die Alten wissen noch, was Namen wie Monsignore Béla Varga – der im Mai 1990 bei der Eröffnung des ersten nachkommunistischen Parlamentes in Ungarn sprach –, Graf Anton Sigray oder der Ort Balaton Boglar für die damalige Fluchtwelle bedeuteten. Dieses Vergessen ist vor allem darauf zurückzuführen, daß in der aliierten Propaganda, die durch Stalins servilsten Verbündeten, Dr. Eduard Beneš, kontrolliert war, nichts Gutes über Ungarn gesagt werden durfte.

Wenn die Organisatoren des Picknicks trotz allgemeiner Verwirrung und Unkenntnis das Rechte taten, so darum, weil sie wußten, daß auf beiden Seiten der Grenze wirkliche Europäer lebten. Wie oft hat man uns in der letzten Zeit vorgehalten, es fehle an europäischer Begeisterung. Die Jungen hätten Anfang der fünfziger Jahre die Grenzbalken verbrannt – und wo sei heute dieser Schwung? In

17

Sopron hat man ihn verspürt, denn diese Aktion war weit besser als die verhältnismäßig risikolosen Demonstrationen damals an Saar oder Rhein. Europa wurde im heißen August 1989 im Burgenland weit mehr Realität als in den luftgekühlten Ämtern der Brüsseler Bürokratie. Europa und Menschenrechte sind eben ein gemeinsamer Begriff. Die Paneuropäer traten nicht als Angreifer auf, sondern als Verteidiger der Unterdrückten. Hier hat die älteste europäische Einigungsbewegung bewiesen, daß für wahre Europäer – also nicht für die Spesenritter, die von und nicht für Europa leben – Treue zu unserem Erdteil auch den Einsatz für diejenigen bedeutete, die immer zu uns gehörten, aber seit 1945 von uns getrennt waren. Sie handelte anders als die westeuropäische Linke, wo man unermüdlich von Menschenrechten sprach, aber nur, wenn es sich um Südafrika, Chile oder El Salvador handelte. Auf den Spuren eines heute gewendeten Willy Brandt wurde eine Politik verfolgt, die der großen Tradition eines Friedrich Ebert oder Kurt Schumacher nicht würdig war.

Gerade in den Tagen vor und kurz nach Sopron hat sich dies in besonders niederträchtiger Weise gezeigt. So entblödete sich die SPD in Kiel nicht, ausgerechnet den Tyrannen Erich Honecker, den Unterdrücker der Deutschen in der »DDR«, submissest zu bitten, einen seiner Hüte für eine Versteigerung zur Verfügung zu stellen. Er hat dies auch gnädigst getan. Ganz abgesehen von der abgrundtiefen Würdelosigkeit des Ersuchens an den Schergen des unglücklicheren Teiles seines Volkes sollte man sich doch einmal vor Augen halten, was für ein weltweites Gezeter ausgebrochen wäre, wenn irgendeine Gruppe in Deutschland das braune Hemd Hitlers oder den Kneifer Himmlers zur Versteigerung angeboten hätte. Dabei ist Honecker doch, wenn man die Verachtung für die Menschenrechte als Maßstab nimmt, den oberen Naziführern durchaus vergleichbar.

Nicht minder schändlich war die Äußerung eines SPD-Hinterbänklers, in der dieser die deutsche Bundesregierung aufforderte, den Strom der Flüchtlinge über deutsche Vertretungen abzublocken, und sei es unter Berufung auf das Hausrecht in den diplomatischen Gebäuden. Dieser Politiker hat damals gezeigt, daß er von der Verfassung seines Landes keine Ahnung hatte. Denn nach dem Grundgesetz der Bundesrepublik waren auch in den Jahrzehnten der Teilung alle Deutschen, ob aus West oder Ost, gleichberechtigt, also Menschen, die in den deutschen Vertretungen über ein »Hausrecht« verfügten, das ihnen keine Regierung streitig machen durfte. In Frankreich, Spanien, England oder Italien wären solche unpatriotische Äußerungen undenkbar gewesen. Aus ihnen sprach der Ungeist Willy Brandts, der die Wiedervereinigung als Lebenslüge der deutschen Nation bezeichnet hat, von den Ergüssen Oskar Lafontaines ganz zu schweigen. Kein Wunder daher, daß man manchmal in der Europäischen Gemeinschaft Zweifel an der inneren Festigkeit der Bundesrepublik zu hören bekommt.

Die Geschichte hat die Verfechter der Teilung widerlegt. Bestätigt wurde hingegen das Schlagwort der Paneuropa-Union »Paneuropa ist ganz Europa«. Man hat es vielfach verlacht und kritisiert. Die Ereignisse in Sopron haben die Richtigkeit dieser Aussage bewiesen.

ZURÜCK ZUR MITTE

Es ist noch nicht lange her, da hatte der Reisende, der von München ostwärts fuhr, immer wieder das gleiche Bild vor Augen. Bei der Abfahrt von der bayerischen Hauptstadt war der Zug voll. Im Laufe des Weges stiegen immer mehr Leute aus und immer weniger ein. Zwischen Salzburg und Linz waren die Abteile bereits halb leer. In Wien kam der Zug meist nur mehr mit drei bis vier Passagieren in jedem Wagen an. Man hatte das Gefühl, hier sei die Endstation; dahinter stehe jene undurchdringliche Wand, die das, was seinerzeit die verschiedenen Völker des Donauraumes verbunden hatte, unerbittlich trennte.

Wien schien ebenso zum Absterben verurteilt wie in Deutschland Berlin mit seiner Mauer. Die allgemeine Strömung der Bevölkerung war traditionell von Ost nach West. Es ist kein Zufall, daß es in Wien mehr slawische als andere Namen gibt. Die Stadt lebte von dem Zuzug aus dem Osten.

Dadurch, daß im Gefolge des Zweiten Weltkrieges und des Um-sich-Greifens des Totalitarismus den Menschen die freie Aufenthaltswahl versagt wurde, war auch Wien zum Verfall verurteilt. Die Statistiken redeten eine klare Sprache: höchster Hundertsatz von Menschen über 65 in

Wien wie in Berlin, immer weniger Jugendliche! Die Städte schienen zu groß für die »neuen Realitäten.«

Heute sind diese beiden Metropolen, wie auch Prag oder Budapest, der beste Beweis dafür, daß der Begriff »Realitäten« insbesondere in der Zeit nach dem Zweiten Weltkrieg schändlich mißbraucht worden war. Kleinmütige waren nur zu sehr versucht, der gegenwärtigen Situation Ewigkeitswert zu geben. Das war sogar in den höheren Etagen der Politik der Fall. Menschen wie zum Beispiel Willy Brandt, der nach der Wende mit tränenerstickter Stimme eine neue Epoche begrüßte, hatten damals davon gesprochen, daß nur allzeit Gestrige sich nicht den Gegebenheiten fügen würden. Dagegen konnten diejenigen, die historisch dachten oder nicht ideologisch verkalkt waren, erkennen, daß die Lage nicht andauern würde. Sie wurden verurteilt, als Revanchisten diskreditiert, nur weil sie sagten, daß die Teilung Europas nicht das letzte Wort der Geschichte sei.

In Mitteleuropa zeigt sich nunmehr, daß Wandlung das Gesetz des Lebens ist. Durch die schrittweise Liberalisierung Ungarns und deren Auswirkungen auf andere Staaten des östlichen Rates für Gegenseitige Wirtschaftshilfe (RGW) ist eine neue Lage entstanden. Wer heute die ungarisch-österreichische oder die böhmisch-bayerische Grenze überquert, sieht den gewaltigen Unterschied zu früher. An die Stelle des »Eisernen Vorhanges« ist ein normaler Übergang von einem Land in das andere ohne große Behinderung getreten. Zwar ist noch nicht alles vollkommen, aber im allgemeinen ist die Behandlung für den Reisenden aus dem Westen an der ungarischen oder tschecho-slowakischen Grenze fast so gut wie an jenen

Binnengrenzen der EG, wo man die Richtlinien unserer Gemeinschaft bereits zur Kenntnis genommen hat, ohne auf ein Urteil des Europäischen Gerichtshofes zu warten. Mit wachsender Freizügigkeit beginnt auch die Bevölkerungsbewegung von einem Land ins andere. Junge Leute wandern nach Westen und andere, insbesondere Emigranten, machen sich auf den Weg zurück in die Länder Mittel- und Osteuropas. Auf einmal sieht man wieder die Solidarität der Völker im Donauraum, ein Zusammenwachsen von Ungarn, Böhmen, Mähren, der Slowakei, Slowenien, Kroatien und Österreich oder Bayern, eine Freundschaft, die übrigens in den Herzen der Menschen immer bestanden hat.

Denn eines hat man nicht genügend erkannt: Der große Fortschritt in Ungarn – man könnte ihn nennen: die Führungsstellung Ungarns bei der Liberalisierung Mittel- und Osteuropas – ist nicht zuletzt darauf zurückzuführen, daß auch in den düstersten Zeiten die Österreicher immer bestrebt waren, ein Fenster zu den Nachbarn offenzuhalten, den Ungarn Mut zu machen, ihnen zu zeigen, daß es noch eine Welt der Freiheit gab, in der sie nicht vergessen waren. Die Österreicher haben auch in kritischen Perioden, so insbesondere nach der Niederschlagung des ungarischen Befreiungskampfes von 1956, vieles getan, um die Ungarn gastfreundlich bei sich aufzunehmen, wie sonst niemand in der westlichen Gemeinschaft.

Kein Wunder, daß man, wenn man jenseits der gewesenen Jalta-Linie reist, wieder das Gefühl hat, daß der Donauraum auf dem Wege ist, erneut ein Zentrum Europas zu werden. Die Menschen gravitieren wieder dorthin, allerdings nicht mehr ganz mit der gleichen einseitigen Orientierung auf Österreich, wie es früher einmal der Fall war. Bester Ausdruck dieser Tatsache ist der Plan einer gemeinsamen Weltausstellung Wien/Budapest 1995, der schon vor der Befreiung Mitteleuropas entstand. Wien und Budapest, Prag und Preßburg arbeiten zusammen und sind die Metropolen eines größeren Raumes, zu dem inzwischen verschiedene andere Länder und Völker Mitteleuropas gestoßen sind.

Es gab eine Zeit, in der Wien Pessimismus und Niedergang ausstrahlte. Die Stadt war deprimierend. Sie schien wie Budapest, Prag oder Dresden, die ein noch schlimmeres Schicksal erlitten hatten, bestenfalls Monument einer größeren Vergangenheit zu sein. Heute ist genau das Gegenteil der Fall. Wenn Europa zurück zur Mitte findet, könnte Wien – wie der ganze Raum – wieder zum Symbol der Hoffnung, des Aufbruches und der Zukunft werden. Notwendig ist allerdings, daß seine Politiker sich der Größe der Aufgabe gewachsen zeigen.

Hat Österreich Zukunft?

Im Zusammenhang mit den Umwälzungen in Mitteleuropa stellt sich also immer drängender die Frage nach der politischen Zukunft Österreichs. Die Bevölkerung zeigte angesichts der Fluchtwelle nach Öffnung des Eisernen Vorhanges eine beispielgebende Einsatz- und Hilfsbereitschaft. Die Deutschen aus der damaligen »DDR« wurden mit offenen Armen aufgenommen, was eine angesehene Zeitung zu dem Kompliment veranlaßte, daß es – historisch nicht ohne Pikanterie – Österreicher und Ungarn gewesen seien, die den Sachsen und Thüringern, aber auch den Preußen und Mecklenburgern den Weg in die Freiheit geebnet hätten.

Dieser tapferen und großzügigen Haltung der Österreicher – die schon unter der sowjetischen Besatzung nach dem Zweiten Weltkrieg ähnlich geschlossen für die Freiheit eingetreten waren und den Kommunismus abgelehnt hatten – widersprach die völlige Konzeptionslosigkeit der herrschenden politischen Kaste in Wien. Von wenigen Ausnahmen abgesehen, hatten diese Kreise weder ein mitteleuropäisches noch ein europapolitisches Konzept. Während Wien wirtschaftlich und kulturell wieder aufblühte, drohte es politisch erneut ins Hintertreffen zu geraten.

Hier wirkte sich verhängnisvoll aus, daß man die jahrhundertealte europäische Mission Österreichs mit den Jahren 1918 und noch mehr 1945 für beendet hielt und aus dem Bewußtsein verdrängte. Wo das nicht möglich war, verfälschte oder diffamierte man das geschichtliche Erbe. Nicht zuletzt deshalb nannte der Schriftsteller Erik von Kuehnelt-Leddihn Österreich – im Vergleich zu Ungarn, Böhmen oder Polen, die sich ihrer Wurzeln besinnen – ein alpines Fragezeichen.

Dabei hat Österreich gerade in kritischen Perioden Europa nicht nur vor äußerem Ansturm gerettet, sondern auch im Zeitalter des Nationalismus die Reichsidee bewahrt, ohne die die politische Einigung Europas nicht denkbar wäre. Als Napoleon das Heilige Römische Reich zerstörte, fanden die reichischen Insignien und mit ihnen der Gedanke einer übernationalen Einheit Zuflucht im kaiserlichen Wien. Österreich-Ungarn blieb bis ins zwanzigste Jahrhundert hinein jener Vielvölkerstaat, den Masaryk als Anachronismus bezeichnete, was aber angesichts der aufgeheizten Nationalismen im nachhinein als Ehrentitel gelten kann. Zwar zerbrach das alte Österreich an seiner übermenschlichen Aufgabe, aber in seinen Trümmern fanden sich die Bauelemente für die europäische Einigungsbewegung des ausgehenden zwanzigsten Jahrhunderts. Auch der österreichische Widerstand gegen den Nationalsozialismus und den Kommunismus lebte aus diesem Geist.

Um so unverständlicher und bedauerlicher ist die Geschichtslosigkeit vieler herrschender Funktionäre. Ohne historisches Fundament läßt sich keine zukunftsweisende Politik machen. Dies zeigte sich auch bei der gespenstischen Neutralitätsdiskussion, die jüngst anläßlich des Beitrittsantrages zur EG entbrannte. Sie hat dem Ansehen des Landes in einer Zeit tiefgreifender Veränderungen schwer geschadet. Außerhalb Österreichs wird kaum verstanden, weshalb gewisse Kräfte, nachdem das wiedervereinigte Deutschland seine volle Souveränität erlangt hatte und Ungarn wie die Tschecho-Slowakei frei geworden waren, unverändert an allen Bestimmungen des Staatsvertrages festhalten und diesem auch noch eine gegen die Unabhängigkeit des Landes gerichtete Interpretation geben wollten. Es war bezeichnend, daß Ungarns erster frei gewählter Ministerpräsident József Antall bei seinem offiziellen Besuch in Brüssel mit leichter Ironie versicherte, sein Land wolle ohne Einschränkungen der EG beitreten, da es im Gegensatz zu anderen niemals neutral gewesen sei.

Unter den Staaten, die eine Mitgliedschaft in der EG anstreben, stünde Österreich eigentlich an erster Stelle. Es hat seinen Antrag eingebracht und liegt daher auch vor den skandinavischen Staaten, die länger zögerten. In diesem Sinne wird Österreich heute bei den zuständigen Stellen als Prüfstein der künftigen Politik der Gemeinschaft betrachtet.

Diese Erkenntnis ist nicht zuletzt eine Herausforderung an die österreichische Regierung. Das Schneckentempo der Österreich-Verhandlungen geht nicht nur auf das Konto der führenden Elemente der EG, besonders der Kommission, sondern auch auf die wenig energische Politik Wiens. Sieht man sich nämlich den Gang der Gespräche zwischen der Gemeinschaft und Österreich aus dem Blickwinkel von ersterer an, wird man feststellen, daß, im Vergleich zu den früheren Verhandlungen mit Griechenland, Spanien und

Portugal, diejenigen mit Österreich schleppend und ohne genügenden Einsatz vorangehen. Es gibt in der Gemeinschaft keine Österreich-Lobby, wie seinerzeit für Spanien oder Griechenland. Es kommt hinzu, daß Wien die Verhandlungen allzu sehr nur auf die Bürokratie in Brüssel eingestellt hat. Man hat offensichtlich noch immer nicht erkannt, daß seit der Einheitlichen Europäischen Akte nunmehr auch die politische Seite der Gemeinschaft, vor allem das Europa-Parlament, ein gewichtiges Wort bei den Erweiterungen zu sprechen hat.

Problematisch ist auch die mangelnde Einigkeit in Wien. Als man mit Spanien verhandelte, hatten alle, von der äußersten Linken, also von den Kommunisten, bis zur äußersten Rechten, also den Resten der Falange, in der Frage Europas eine gemeinsame Sprache. Das ist bei Österreich keineswegs der Fall. Man hört aus Wien nur zu oft widersprechende Äußerungen, die denjenigen das Wasser auf die Mühle treiben, die den Beitritt Österreichs hinausschieben wollen.

Niemand wird leugnen, daß Alois Mock in der entscheidenden Phase vor dem Beitrittsantrag, der jetzt in Brüssel liegt, einer der tapfersten und energischsten Verfechter der europäischen Einigung war. Er wollte bestimmt den frühestmöglichen Termin wahrnehmen. Leider konnte man das gleiche nicht von allen anderen Mitgliedern der Wiener Regierung oder des politischen Establishments sagen. Es stellt sich daher die Frage nach dem Hintergrund dieser eigenartigen Haltung. Der Verdacht ist nicht von der Hand zu weisen, daß sich hier hinter den Politikern Interessen verstaatlichter Betriebe oder gesellschaftlich kontrollierter Wirtschaftskomplexe verbergen. Daß diese in der scharfen Konkurrenzatmosphäre der Gemeinschaft nicht mehr in ihrer heutigen Form bestehen können, ist offensichtlich. Österreichs Beitritt ist schon als Beispiel für andere Staaten von größter Wichtigkeit. Wien hat hier gegenüber der Gemeinschaft die einmalige Chance, als Vorhut Mittel- und Osteuropas in der EG aufzuscheinen. Es könnte damit seine alte geschichtliche Sendung im Donauraum und darüber hinaus erneut aufnehmen. Dazu ist allerdings Dynamik und eine klare Erkenntnis der Möglichkeiten notwendig. Ansonsten droht die Politik Österreich von der Vorhut Mitteleuropas zur Nachhut des ehemaligen Ostblocks zu machen.

Österreich erlebt eine historische Stunde. Ob diese entsprechend genutzt wird, wird in erster Linie in Wien und dann erst in Straßburg oder Brüssel entschieden.

Bayern als Provinz?

Nach dem plötzlichen Tod von Franz Josef Strauß, der uns gerade in diesen Jahren schmerzlich fehlt, haben Pessimisten davon gesprochen, daß Bayerns überregionale Bedeutung unwiderruflich zu Ende gehe. Nach der deutschen Wiedervereinigung zwei Jahre später orakelten sie erneut, im größeren Deutschland werde der Freistaat wesentlich kleiner und sinke zur Provinz herab. Wer so denkt, hat nicht verstanden, daß Bayern eine europäische Funktion hat, die weit über die vergrößerte Bundesrepublik hinaus in den Donauraum und in die Alpen-Adria-Region reicht. Die europäische Geschichte hat sich oft entlang der großen Ströme abgespielt. Es ist kein Zufall, daß das Nibelungenlied von der Donau bestimmt wird. Wer Europa als ein Ganzes sieht, wird zwei große Linien finden: die Donau zwischen West und Ost, die Maas, die Mosel, den Rhein und die Rhône zwischen Nord und Süd. Diese gewaltigen Täler und Stromniederungen waren seit Jahrtausenden nicht nur die Heerstraße vieler Völker, sondern auch kulturell besonders fruchtbar.

Die Donau, das ist neben Wien und Budapest eben auch Regensburg oder Passau, im weiteren Umfeld auch München. Selbst Würzburg hat, obwohl am Main gelegen, immer die Verbindung zum Donauraum gepflegt. Auf der Nord-Süd-Achse wieder finden wir die bedeutendsten burgundischen, niederländischen und rheinländischen Kulturstätten, darunter Orte geistiger Erneuerung wie etwa das Stift Cluny oder Straßburg, die Hauptstadt Europas. Auf diesem Boden sprechen so gut wie alle Steine von einer großen Vergangenheit.

Diese ist in Bayern eindeutig mitteleuropäisch. Wenn gewisse Mitteleuropa-Ideologen der Gegenwart Deutschland oder Süddeutschland aus ihren Überlegungen ausklammern, so beweisen sie damit, daß sie die geschichtlichen Tatsachen nicht kennen. Wer hingegen den großen Überblick bewahrt hat, wird spüren, daß Bayern und Österreich stets die gleiche Sendung hatten: Sie waren in schweren Zeiten das Bollwerk Europas. Die großen Invasionen unseres Erdteiles sind fast ausnahmslos bis in unseren Raum vorgestoßen. Die Magyaren, als sie noch Heiden waren, erlebten ihre entscheidende Niederlage am Lech, während ihre Eingliederung in das christliche Europa unter König Stephan dem Heiligen kräftige bayerische Impulse empfing.

Der Lech und das jetzt bayerische Schwaben besitzen heute noch eine europäische Mission. Der Augsburger Europa-Bischof Josef Stimpfle und das Kloster Ottobeuren haben sich vor der ersten Europawahl 1979 und erst recht seitdem die Aufgabe gesetzt, dem Europa der Funktionäre ihr christliches Europabild entgegenzustellen.

Dasselbe gilt für Niederbayern. Die Türken überschritten zwar ihren Höhepunkt vor den Mauern Wiens, wo ihr Abstieg begann, doch im Hintergrund spielte Passau eine Schlüsselrolle. Es gibt zu denken, daß, als das Reich in

30

größter Gefahr schwebte und Wien von den Kräften Kara Mustaphas eingeschlossen war, der Widerstand in Passau organisiert wurde und von dort die Befreiung des Donauraumes ausging.

Auch die Sowjets sind bis nahe an Passau herangekommen. Im Jahrzehnt nach dem Zweiten Weltkrieg lag die Grenze der Sowjetzone in Österreich an der Enns, jenem Fluß, den die Vorhut der Janitscharen während des letzten großen Türkensturmes erreichte, aber nicht mehr überschreiten konnte.

Aus dem heutigen Bayern ging vor über tausend Jahren die Botschaft Christi in die Länder Mitteleuropas. Passau diente der Evangelisierung der donauländischen Völker, daher die Tatsache, daß lange Zeit diese Diözese bis tief in das Karpatenbecken ragte. Von Regensburg wiederum erfaßte der Glaube Böhmen, das bald nicht nur mit Regensburg, sondern auch mit Bamberg oder Nürnberg, um nur zwei Beispiele herauszugreifen, in einen regen kulturellen und wirtschaftlichen Austausch trat. Diese Städte geben, inzwischen bayerisch geworden, auch dem modernen Freistaat eine Orientierung, die gleichzeitig nach Prag und in den Donauraum weist.

Auf unserem Erdteil finden wir immer wieder Orte, von denen Freiheit und religiöse Erneuerung ausgingen. Symbolisch dafür ist die Höhle von Covadonga in Spanien, aber genauso Bayern und Österreich, die oftmals letzte Zufluchtsstätte bedrohter Werte waren, bis die Kräfte gesammelt wurden, um diese Ideale wieder in jene Gegenden hinauszutragen, wo sie durch äußere Einwirkung zumindest zeitweilig unterdrückt wurden.

München spielte in mißlicher Zeit, als politische Umstände

Wien daran hinderten, seine traditionelle Funktion zu erfüllen, in die es gegenwärtig wieder zurückkehrt, die Rolle einer heimlichen Hauptstadt Mitteleuropas. Das Exil, nicht nur aus dem Donauraum, sondern aus ganz Mittel- und Osteuropa, fand dort eine feste Verankerung, nicht zuletzt dank der Sender Radio Freies Europa und Radio Liberty. Viele Vertriebene strömten nach dem Zweiten Weltkrieg nach Bayern, das die Sudetendeutschen zu seinem »Vierten Stamm« erklärte. Die bayerische Landeshauptstadt ist mit zweihunderttausend Sudetendeutschen die größte sudetendeutsche Stadt, die es jemals gab.

Hinzu kam die mutige Politik, die die bayerischen Ministerpräsidenten, allen voran Alfons Goppel, Franz Josef Strauß und heute Max Streibl, betrieben. Mit dem Rhein-Main-Donau-Kanal begannen sie ein uraltes Projekt aus der Zeit Karls des Großen zu verwirklichen. Als seinerzeit die Verhandlungen darüber geführt wurden, sagten viele, dies sei äußerst gefährlich, denn der Kanal könne die wirtschaftliche und politisch-militärische Einfallsstraße der Sowjetunion donauaufwärts werden. Es war der Entschlußkraft der bayerischen Regierung zu verdanken, daß diese kurzsichtigen Überlegungen nicht berücksichtigt wurden. Sie waren schon darum falsch, weil sie davon ausgingen, daß die kommunistische Diktatur in Mittel- und Osteuropa Ewigkeitswert besitze. Heute läßt sich bereits mit Sicherheit sagen, daß dieser Kanal zunächst eine Symbolwirkung für die sich befreienden Völker besaß und in Zukunft tatsächlich eine bedeutsame wirtschaftliche Aufgabe erfüllen wird. Nicht fremden Invasionen wird er dienen, sondern im Gegenteil eine jener Adern Europas sein, die verbinden, was zusammengehört. Franz Josef Strauß hatte eben recht, als er sagte, daß derjenige, der sich mit dem Zeitgeist verheiratet, morgen bereits verwitwet sein wird. Langfristiges Denken hat sich noch immer ausgezahlt.

Dies gilt auch für die Schaffung der Arbeitsgemeinschaft der Alpenländer beziehungsweise für die Alpen-Adria-Region, die große Männer wie der verstorbene Tiroler Landeshauptmann Eduard Wallnöfer, der Südtiroler Silvius Magnago und Alfons Goppel schufen. Angesichts der Tatsache, daß Süddeutschland und Norditalien mittlerweile die stärksten Wirtschaftsregionen des kommenden europäischen Binnenmarktes sein werden, haben die Alpen sehr an Bedeutung gewonnen. Auch adriatische Häfen der einstigen Donaumonarchie wie Triest, die seit ihrer Zugehörigkeit zum italienischen Nationalstaat verfielen, haben in den letzten Jahren ihr natürliches Hinterland zurückgewonnen, ihr Ausbau liegt im Interesse des künftigen Gesamteuropa.

Jenseits aller wirtschaftlichen Fragen und Erfolge entscheiden jedoch vor allem die geistigen Werte. Bayern und Österreich waren in der Geschichte nicht nur Bollwerk, sondern auch Brücke. In beiden Staaten hat man stets großräumig gedacht. So ist es bezeichnend, daß der Vater der Paneuropa-Idee, Richard Graf Coudenhove-Kalergi, aus Ronsperg im Sudetenland mit dessen Bindungen an Österreich wie an Bayern stammt. In diesem Konzept findet die ewige Mission Österreichs wie Bayerns ihren schönsten Ausdruck: Die böhmischen Länder, Slowenien, Kroatien und die Slowakei, aber auch Norditalien blicken nach Wien wie nach München, diese finden dort wiederum ihre wichtigsten Partner. Bayern ist keineswegs nur die Provinz eines mehr vom Norden geprägten Deutschland. Dem steht schon das ausgeprägte Traditionsbewußtsein seiner vier Stämme – Altbayern, Schwaben, Franken und Sudetendeutsche – entgegen, das allerdings mit echter Toleranz durchaus vereinbar ist. Die »Liberalitas Bavarica« ist kein leeres Wort wie in den vergangenen Jahrzehnten Millionen von Vertriebenen und Flüchtlingen aus dem Donauraum erfahren durften. Sie ist auch für das neue Europa unverzichtbar.

ANGST VOR DEUTSCHLAND

Die deutsche Wiedervereinigung am 3. Oktober 1990 wurde von allzu vielen Beobachtern als sensationell und überraschend bezeichnet. Dabei hätte man wissen müssen, daß die Begriffe »DDR« und »Demokratie« einander seit jeher ausschlossen. Entweder man verweigerte den Menschen das Wahlrecht, dann ließ sich die »DDR« zumindest gewaltsam jahrzehntelang aufrechterhalten, oder man gewährte es ihnen, dann war auch die Todesstunde dieses Pseudo-Staates gekommen. Wenn überhaupt etwas wirklich sensationell und überraschend war in den Monaten vor der Wiedervereinigung, so die Realitätsferne vieler Entscheidungs- und Meinungsträger. Sie hatten offenbar, obwohl sie im freien Westen leben, der Propaganda der Herren Ulbricht, Stoph und Honecker von der Eigenstaatlichkeit der »DDR« mehr geglaubt, als deren unglückliche Einwohner es taten. Anders läßt sich nicht erklären, daß zum Beispiel die SPD auf die sogenannten Geraer Forderungen Honeckers eingehen wollte, in denen die Anerkennung einer eigenen »DDR-Staatsbürgerschaft« enthalten war.

Begriffe wie »DDR-Staatsbürgerschaft«, »DDR-Patriotismus« oder »DDR-Stolz« waren Fiktionen. Die Menschen wußten, daß dieser angebliche Staat durch fremde Interessen geschaffen worden war. Die hysterischen Reaktionen seiner Führung auf jede freiheitliche Regung waren übrigens auch schon vor Jahrzehnten eine Illustration des herrlichen Bismarck-Wortes, man könne mit Bajonetten alles machen, nur nicht darauf sitzen.

Der 3. Oktober 1990 hat aber nicht nur jene widerlegt, die von einer eigenständigen »DDR« als Tummelplatz eines – gewandelten – Sozialismus mit angeblich menschlichem Antlitz träumten oder – nach dem Umbruch – von einem dreizehnten EG-Mitgliedsstaat »DDR«, sondern auch die National-Neutralisten.

Diese Gruppe hatte unter dem Schlagwort »Deutschland zuerst« die Politik Konrad Adenauers und seiner Nachfolger kritisiert, die Freiheit der Einheit überzuordnen. Sie träumten von einem Deutschland, das den nationalen Gedanken für wichtiger hielt als das Konzept des freiheitlichen Rechtsstaates. Inzwischen wissen wir, daß es gerade das menschenwürdige System des Westens, die europäische Einigung, das westliche Bündnis und die soziale Marktwirtschaft waren, die es möglich machten, die Spaltung Europas und damit auch Deutschlands zu überwinden.

Nunmehr führen all jene Kräfte, die von der deutschen Einheit in Freiheit überrumpelt wurden, ein Rückzugsgefecht, indem sie die Angst vor Deutschland schüren oder solche Äußerungen im Ausland benutzen, um den Deutschen zu sagen: »Die Welt steht gegen uns«. Dabei sind die Autoren oder Hintermänner der internationalen Kritik am »stärker gewordenen Deutschland« skurrilerweise meist in der Bundesrepublik zu finden.

Natürlich wäre solches nicht möglich ohne eine gewisse Urangst vor Deutschland. Diese Urangst ist zuerst darauf zurückzuführen, daß die Menschen im allgemeinen reaktionär sind. Viele können es nicht vertragen, daß etwas, woran man sich durch Jahre hindurch gewöhnt hatte, plötzlich verändert wird. Das Unbekannte schreckt – eine alte Erfahrung aller Reformer. Hier wirkt sich jene Politik aus, die darauf ausgerichtet war und ist, Hitler künstlich am Leben zu erhalten. Man wollte und will nicht zur Kenntnis nehmen, daß nunmehr Jahrzehnte seit dem Untergang des sogenannten »Dritten Reiches« verflossen sind. Man leugnet, daß der Nationalsozialismus endgültig tot ist.

In Wahrheit bedeuten die wenigen Geistesgestörten, die gelegentlich in braunen Hemden herumlaufen oder Hakenkreuze schmieren, nichts. Was so schändlich geendet hat, darf nicht wiederkehren. Allerdings sind andere Formen des Ungeistes durchaus denkbar. Diese werden aber nicht in den gleichen Farben antreten wie die verbrecherische Ideologie Hitlers und deshalb um so gefährlicher sein.

Ernster zu nehmen als die Angst vor dem Gespenst Hitlers ist die Furcht derer, die meinen, Deutschland könnte ein zu großes Übergewicht in Europa erhalten. Man zählt die Millionen zusammen und stellt fest, daß Deutschland wesentlich größer ist als Frankreich, Großbritannien, Italien oder Spanien, von den kleineren europäischen Völkern gar nicht zu sprechen.

Diejenigen, die noch immer vor allem durch Zahlen beeindruckt werden, glauben also, daß nunmehr die EG das sein wird, was ein französischer Sozialist – der wie die meisten seiner Freunde ein Gegner der europäischen Integration war – hämisch als ein »Großdeutschland mit einigen Anhängseln« bezeichnet hat. Wer so denkt, gehört geistig unserem Jahrhundert nicht an und ist für das nächste erst recht nicht reif.

Wir müssen uns endlich damit abfinden, daß sich die Lebensumstände grundlegend gewandelt haben. Auch die Elemente der Weltstrategie, also mit ihnen die Weltpolitik, sind nicht mehr das, was sie seinerzeit waren. Früher war die Zahl der militärischen Divisionen außenpolitisch, die Bevölkerungsdichte wirtschaftlich entscheidend. In der Zeit der modernen Technologien und der Bedingungen, die durch die Erfindungen seit dem Zweiten Weltkrieg bestehen, gilt all dies nicht mehr. Die Interkontinentalrakete hat dem Begriff »Raum« ein Ende gesetzt. Die Explosion der Medien hat den Regierungen die Möglichkeit genommen, ihre Bevölkerung von den Informationen aus aller Welt abzuschneiden. Die neuen Technologien schließlich haben nicht nur dem Marxismus den Todesstoß versetzt, sondern auch der Idee einer nationalen Abkapselung oder Autarkie, denn kein Volk kann mehr für sich allein existieren.

Zahlen haben also nur mehr eine sehr untergeordnete Bedeutung. Entscheidend sind die Intelligenz, das Wissen, der Arbeitseinsatz. Diese Faktoren aber hängen von der Fähigkeit der Menschen beziehungsweise von der Qualität der Erziehung und dem wirtschaftlichen System in den einzelnen Staaten ab.

Was diese Faktoren betrifft, muß man die Europäische Gemeinschaft mittlerweile als Einheit sehen. In der Politik wiederum entscheidet die Qualität von Personen. Als Konrad Adenauer Kanzler war, jammerten die Franzosen darüber, daß die Bundesrepublik Deutschland das bestimmende Land der Europäischen Gemeinschaft sei, und dies relativ kurz nach dem Zweiten Weltkrieg. Nachdem Adenauer aber zurückgetreten war und General de Gaulle weiterhin die Führung in Frankreich innehatte, war es an den Deutschen, darüber zu klagen, daß die Politik Europas in Paris gemacht werde. Die Europäische Gemeinschaft sei nur ein Tarnbegriff für die Fünfte Französische Republik.

Dabei hatte man eine Tatsache vergessen: Auch der kleinste Staat der Gemeinschaft, Luxemburg, besaß einmal einen überdimensionalen Einfluß auf die Entwicklung der EG. Die Persönlichkeit des bescheidenen, aber hochintelligenten luxemburgischen Ministerpräsidenten Josef Bech war dafür ausschlaggebend. Wer in der Geschichte Europas zurückblättert, findet viele Kapitel, die luxemburgische Handschrift tragen.

Diese Erfahrungen und Überlegungen treffen erst recht zu auf den EG-Binnenmarkt des Jahres 1992 und die anschließende Schaffung eines politischen Europa, das diesen Namen verdient.

Die französische Zeitung »Le Monde« veröffentlichte einen wehklagenden Artikel, daß ihrer Auffassung nach der französische Einfluß im Europa-Parlament viel zu gering sei. Diese Kritik war durchaus berechtigt, nur wurde versäumt, danach zu fragen, wodurch dieses Ungleichgewicht entstanden war.

Die deutschen und britischen Europaabgeordneten befassen sich wirklich ausschließlich mit ihrer Aufgabe in Straßburg und Brüssel, weil die Kumulierung von Mandaten, vor allem das Doppelmandat zwischen Europa-Parlament und nationalem Parlament, abgeschafft worden ist. Demgegenüber haben die Franzosen im Europa-Parlament oft eine Anzahl von Funktionen und Ämtern inne; sie sind Bürgermeister großer Gemeinden oder Städte, Senatoren oder Regionalräte beziehungsweise gehören der französischen Nationalversammlung an. Das Ergebnis ist, daß die meisten französischen Europaabgeordneten für echte parlamentarische Knochenarbeit keine Zeit haben. Dasselbe gilt auch für einen Teil der Italiener. Es ist daher keineswegs erstaunlich, daß diejenigen Nationen, deren Abgeordnete die größte Präsenz aufweisen können und sich tatsächlich für die Gemeinschaft einsetzen, tonangebend sind. Das ist das vermeintliche Geheimnis hinter der Tatsache, daß Deutsche, Spanier oder Briten über besonders viel Einfluß im Europa-Parlament verfügen.

Doch auch dieser Faktor sollte nicht überschätzt werden; denn die Abgeordneten arbeiten ja nicht als Vertreter ihrer Nation, und es wird sehr selten nach nationalen Kriterien abgestimmt. Sie verstehen sich vielmehr als Repräsentanten des europäischen Wählers. Ein genaues Studium des Stimmverhaltens wird bestätigen, daß entweder nach großen politischen Strömungen wie rechts oder links oder nach Sachfragen entschieden wird.

Nationalstaatliche Einflüsse gibt es höchstens im Ministerrat und im Rat der Staats- und Regierungschefs. Zwar sind auch dort die Kleineren mit verhältnismäßig viel mehr Stimmen ausgestattet als die Größeren, aber diese spielen schon eine gewisse Rolle. Schon darum ist entscheidend, welche politische Orientierung das Deutschland der Zukunft besitzt.

Deshalb war es wichtig, daß ein Mann wie Helmut Kohl die

deutsche Wiedervereinigung vollzog und ihr eine gesunde Richtung gab, daß Bundesfinanzminister Theo Waigel als Finanzminister und CSU-Vorsitzender am gleichen Strang zog. Adenauer und Erhardt haben durch ihre Arbeit den Westen Deutschlands so geprägt, daß Jahrzehnte später die Frucht der deutschen Wiedervereinigung aufgehen konnte. Kohl und Waigel wiederum stellten in den entscheidenden Monaten nicht nur die Weichen für das größer gewordene Deutschland, sondern auch für das wirtschaftliche und politische Gesamteuropa, das in seinen Grundzügen bis zur Jahrtausendwende entstehen dürfte.

Natürlich nehmen jetzt die Klagen über die Kosten der deutschen Wiedervereinigung zu. Es ist wirklich grotesk: Während die Nachbarn vor dem künftigen Wirtschaftsriesen Deutschland zu zittern scheinen – wie gesagt, völlig unbegründet –, glaubt man in Deutschland manchmal, man stünde unmittelbar vor der Verarmung. Natürlich müssen in den nächsten Jahren gewaltige Mittel aufgewendet werden. Doch wer darüber Klage führt, vergißt bewußt oder unbewußt, daß die Summen für das wiedervereinigte Deutschland Investitionen in die Zukunft Europas sind. Man kann niemals das Einkommen erhöhen, ohne vorher Leistungen in Kapital oder Arbeit erbracht zu haben. Wer die Lage in Mitteldeutschland, also in den fünf Bundesländern der ehemaligen »DDR«, sachlich betrachtet, weiß, daß dort alle Voraussetzungen für einen Aufstieg vorhanden sind. Das Land ist zwar gewissenlos herabgewirtschaftet worden, aber die Menschen sind entschlossen zu arbeiten. Es ist daher keineswegs illusionär, an ein zweites deutsches Wirtschaftswunder zu glauben. Aber sogar wenn dies nicht so wäre, müßte man den nunmehr frei Gewordenen einfach aus Solidarität helfen. Es gibt moralische Verpflichtungen, denen man sich nicht entziehen darf. Auch sollte man sich des französischen Sprichwortes entsinnen:»Eine Wunde am Geldbeutel ist niemals tödlich.« Der wirtschaftliche Wiederaufbau in den fünf neuen Bundesländern wird dem EG-Binnenmarkt und dem Wiederaufbau in den angrenzenden Ländern Mittel- und Osteuropas kräftige Impulse vermitteln. Von den Erfahrungen, aber auch von den wirtschaftlichen Erfolgen werden nicht nur die Deutschen profitieren, sondern auch ihre Nachbarn. Investitionen in Sachsen oder Thüringen schaden weder der Tschecho-Slowakei noch Ungarn, sondern nützen dem Ganzen. Dasselbe gilt natürlich auch umgekehrt. Unsere Wirtschaft hat es schneller als viele Politiker gelernt, in kontinentalen Dimensionen zu denken und zu handeln. So wie es sinnlos ist, wenn nur einer ein Telefon benützt, und das Telefon um so wertvoller wird, je mehr Menschen über einen Anschluß verfügen, so blüht jede Wirtschaft mit der Vielzahl ihrer Handelspartner. Seit der Überwindung des Wirtschaftsnationalismus in der EG und darüber hinaus sollte dies jedem denkenden Menschen klar geworden sein. Dennoch gibt es immer noch Neid und Mißgunst, die auf der Unkenntnis ökonomischer Regeln basieren und von interessierter Seite ideologisch geschürt werden.

Wichtiger als der Wiederaufbau der Wirtschaft ist natürlich die Gesundung im Grundsätzlichen, zumal beides eng verflochten ist.

Die jahrzehntelang geschundenen Mitteldeutschen können ohne feste Verankerung nicht jenes Selbstbewußtsein entwickeln, das die Vorbedingung echter Leistungsfähigkeit ist. Bei meinem ersten Besuch in Dresden und Leipzig, wo ich an einer der Montagsdemonstrationen teilnahm – die Mauer war gerade erst gefallen, aber die SED noch an der Macht –, besuchte ich ein Rundfunkstudio, um ein Interview zu geben. Als ich den Tontechniker, der den Raum betrat, mit Handschlag begrüßte, fragte dieser völlig verwirrt: »Warum geben Sie mir die Hand, Herr Abgeordneter? Ich bin doch nur ein Arbeiter.« So hat der »Arbeiter- und Bauernstaat« das Selbstbewußtsein der Menschen zerstört.

Besonders aggressiv hat er natürlich jene kirchlichen Gruppen verfolgt, die sich nicht der marxistischen Diktatur unterworfen hatten. Man isolierte sie sowohl mit Hilfe der »Kirche im Sozialismus« als auch unter Ausnutzung der Tatsache, daß viele Menschen aufgrund verschiedener geschichtlicher Faktoren ohne echte Bindung an eine Glaubensgemeinschaft aufwuchsen. Auf dem Gebiete der ehemaligen »DDR« ist trotz aktiver christlicher Kreise, die seinerzeit tapfer Widerstand gegen den Sozialismus geleistet haben, die Zerstörung des religiösen Bewußtseins weit fortgeschritten. Doch auf die zahlreichen offenen Fragen der Menschen weiß auch der westliche Materialismus nicht die richtige Antwort. Jenseits des Marktes fehlen oftmals auch im Westen die christlichen Wertvorstellungen. In das Vakuum treten radikale politische Strömungen oder auch Sekten ein. Ein Widerstandskämpfer gegen das seinerzeitige Honecker-Regime mußte nach der Wende erleben, daß junge Menschen in seinem Heimatort Bitterfeld den Leerraum, den der Sozialismus hinterlassen hatte, füllten, indem sie Teufelskulten nachliefen. Hier sind alle Christen und vor allem die christlichen Kirchen aufgerufen, ihrer

Aufgabe gerecht zu werden; denn ein entchristlichtes Deutschland wäre wirklich ein Unsicherheitsfaktor.

Ermutigend ist zweifellos das wiedererwachte Traditionsbewußtsein. Es gab nie eine »DDR«-Identität, aber die Menschen sind Mecklenburger und Pommern, Berliner, Brandenburger, Thüringer, Sachsen, Anhalter oder Sorben geblieben. Auch die schlesische Lausitz hat ihre Eigenart bewahrt, ebenso wie die Millionen Heimatvertriebenen, die in der »DDR« grausam unterdrückt waren und sich nunmehr in Landsmannschaften zusammenfinden.

Die rasche Wiederbelebung des Föderalismus in Mitteldeutschland gehört zu den ermutigendsten Erscheinungen seit Ende der kommunistischen Diktatur. Sie ist zudem die beste Garantie gegen nationalistisches Vorherrschaftsdenken, wie es den Deutschen manchmal angedichtet wird. Nicht die zentralistische Tradition des Bismarck-Reiches, sondern das föderative Gedankengut des Heiligen Römischen Reiches und des Deutschen Bundes hat die Menschen im Herzen Europas bei ihrem staatlichen Neubeginn im Jahre 1990 beflügelt. Bewußt begann man mit der Wiederherstellung der fünf von der SED gleichgeschalteten Bundesländer. Hier wirkte sich auch der Erfolg des Bundesstaates im deutschen Westen aus. In der Rückbesinnung auf diese Werte liegt die Zukunft eines Deutschland, das seiner europäischen Sendung treu bleibt. Angst vor den Deutschen können dann nur noch jene haben, die sich aus ideologischen Gründen weigern, zu erkennen, daß es keine Kollektivschuld gibt. Die deutsche Wiedervereinigung war kein Rückschlag, sondern ein Durchbruch für die europäische Idee.

Wegweiser Ungarn

Die ungarische Entwicklung hin zur Freiheit, die an die alte parlamentarische Tradition des Königreiches anknüpfte, setzte bereits relativ früh, das heißt in der Zeit Chruschtschows, ein. Mit dem heldenhaften Volksaufstand der Magyaren im Jahre 1956 wurde das Fundament gelegt, von dem es keine Rückkehr mehr zum früheren stalinistischen Regime von Matyas Rakosi geben konnte.

In den ersten drei Jahrzehnten nach 1956 ist vielfach die Frage nach dem Sinn des Freiheitskampfes gestellt worden. Viele, vor allem im Westen, glaubten, daß damals Menschen ihr Leben und ihre Existenz geopfert hätten, ohne etwas zu erreichen. Dabei zeigt auch eine nur oberflächliche Kenntnis der Geschichte, daß dies nicht stimmt. Jede Tat hinterläßt ihre Spuren in der menschlichen Entwicklung. Jede Bewegung hat ihre Auswirkung und ihr Nachbeben, auch dann, wenn man zunächst einmal weder deren Form noch deren Zeitpunkt vorhersagen kann.

Es war ein Triumph der sowjetischen Propaganda, als sie breiten Kreisen im Westen die Lüge einimpfte, die UdSSR sei nach dem Zweiten Weltkrieg von der Bevölkerung der späteren Ostblockstaaten gerufen und freudig als Befreier begrüßt worden. Die Ereignisse in Polen, in Berlin, in

Ungarn und in Prag waren demnach notwendig, um den angeblichen Rechtstitel der UdSSR, der deren hegemonialistisches Regime rechtfertigen sollte, zu zerstören. Ebenso wichtig war der Beweis, daß der Marxismus keine echte Verwurzelung in der Bevölkerung besaß, sondern eindeutig von außen aufgezwungen worden war. Das galt natürlich in besonderem Maße für die nichtrussischen Völker des roten Imperiums, für die Kommunismus mit Fremdherrschaft synonym war.

Nicht zuletzt deshalb endeten die Appelle der ungarischen Freiheitskämpfer von 1956 stets mit einem Bekenntnis zu Europa. Daß der Westen sich damals schändlich verhielt und versagte, änderte nichts an der Tatsache, daß sich die Magyaren weiterhin zu ihrem Europäertum bekannten und so die Diktatur Schritt um Schritt aufweichten.

Das Leben der Völker spielt sich nun einmal in längeren Wellen ab als jenen kurzen Schwankungen, denen die Tagespolitik unterliegt. Gerade die Geschichte Ungarns beweist dies. Durch drei Jahrhunderte war fast das ganze Land von den Türken besetzt. Alle Versuche eines Widerstandes, wie etwa die Schlacht von Mohacs oder noch mehr die Verteidigung von Szigetvár, mußten von den Zeitgenossen als sinnlose Abenteuer angesehen werden, als Opfer, die nichts gefruchtet hatten. Aus heutiger Perspektive läßt sich sagen, daß es ohne dieses Aufbäumen wahrscheinlich genausowenig zu den befreienden Siegeszügen des Prinzen Eugen gekommen wäre, wie es ohne das Jahr 1956 jemals die allmähliche Auflockerung des marxistischen Systems und schließlich dessen Überwindung gegeben hätte.

Wenn auch Generalsekretär Janos Kadar ein überzeugter

Kommunist und ein Instrument der sowjetischen Fremdherrschaft war, erwies er sich doch als intelligent genug,
um schrittweise dem Druck der Bevölkerung nachzuge-
ben. So entstand der Begriff des »Gulasch-Kommunismus« oder das Wort von der »fröhlichsten Baracke des
Ostblocks«. Das Kadar-Regime gewährte gewisse wirtschaftliche Freiheiten und einen bescheidenen Wohlstand
– der allerdings auf einer gefährlichen Auslandsverschul-
dung aufgebaut war –, dafür verlangte man von der Bevölkerung, auf politischen Widerstand zu verzichten und sich
relativ unbehelligt ins Privatleben zurückziehen. Freilich
muß man einschränkend sagen, daß ein Großteil der ungarischen Oppositionellen nicht so handelte, sondern auch
weiterhin für volle politische Freiheit eintrat. Zudem war
die kommunistische Diktatur keineswegs so harmlos, wie
dies im Ausland gern dargestellt wurde. Vor allem die
religiösen Kräfte hatten weiterhin mit Verfolgung und
Unterdrückung zu rechnen.
Wenn die Menschen in diesen schweren Zeiten nicht resi-
gnierten, so lag dies vor allem daran, daß sie sich ihrer
Geschichte und ihrer Kultur bewußt waren und trotz der
sowjetischen Besatzung am mehr als tausendjährigen Erbe
der ungarischen Nation festhielten. Diese hatte sich schon
zur Zeit des Staatsgründers, des heiligen Königs Stephan,
eindeutig nach Westen orientiert, als dieser die Krone, die
ihm aus Byzanz angeboten wurde, ablehnte und jene des
Papstes annahm, sich demnach gegen Ostrom und für das
Abendland entschied. Diese westlich-freiheitliche Tradition Ungarns half dem Land nach der türkischen Besatzung, zum Teil in Gemeinschaft mit den »Schwaben«
genannten deutschen Siedlern, beim Wiederaufbau. Es er-

reichte rasch ein Niveau, das ihm ermöglichte – vor allem in den letzten Jahrzehnten der Donaumonarchie nach dem Ausgleich – eine tragende Rolle in diesem Vielvölkerreich zu spielen.

Für den ungarischen Heldenmut nach dem Einmarsch der Roten Armee infolge des Zweiten Weltkrieges steht wiederum der Name des Primas von Ungarn und Fürsterzbischofs von Esztergom, Jozsef Kardinal Mindszenty. Er setzte sowohl den roten Diktatoren ein entschiedenes Nein entgegen als auch jenen in der eigenen Kirche, die aus Furcht oder Bequemlichkeit mit ihnen kollaborieren wollten. Diese ließen ihn schließlich fallen, doch sein Bild strahlt um so heller in der Ahnengalerie der ungarischen Freiheitskämpfer.

Die dynamische letzte Phase im Sinne einer echten Demokratie hat mit dem Jahr 1986 eingesetzt. Von da an haben sich die oppositionellen Parteien zuerst noch in einem relativen Untergrund, bald aber auch schon öffentlich organisiert.

Ergebnis dieser Entwicklung war, daß es in Ungarn im Gegensatz zu vielen anderen Ländern tatsächlich so etwas wie einen Reformkommunismus gegeben hat, allerdings nur im Sinne einer Liquidierung des Systems und nicht eines »Sozialismus mit menschlichem Antlitz«, den es auf Dauer genausowenig gibt wie einen Gulasch-Kommunismus. Das hat in unseren Tagen die praktische Folge, daß die bitteren und scharfen Differenzen, die in anderen Ländern zwischen den Vertretern des alten Regimes und den neuen Kräften bestehen, in Ungarn kaum auftreten. Gleichzeitig ist auch festzustellen, daß die Beseitigung der

Geheimen Staatspolizei zwar langsamer, aber auch wesentlich gründlicher durchgeführt wurde. Ergebnis ist, daß man heute in Ungarn nicht jene Probleme kennt, die in verschiedenen Ländern, nicht zuletzt in der ehemaligen »DDR«, in der Tschecho-Slowakei und in Polen, mit den Resten der früheren Polizei bestehen.

Seit den Wahlen vom 25. März und 8. April 1990 gibt es in Ungarn tatsächlich eine funktionierende Demokratie westlicher Prägung, in der selbst die Reformkommunisten keine nennenswerte Rolle mehr spielen. Auch wurde das Mehrparteiensystem verhältnismäßig schneller als anderswo durchgesetzt, wenn auch die Parteienlandschaft noch vielen Veränderungen unterliegen wird.

Ich selbst hatte Gelegenheit, diesen Prozeß zu beobachten und zu fördern, da ich in den Umbruchjahren 1988 und 1989, nach mehr als sieben Jahrzehnten der Verbannung, ungehindert nach Ungarn einreisen konnte. Für diese Periode war typisch, daß ich als Europa-Parlamentarier sowohl mit den allmählich abtretenden Reformkommunisten als auch mit den demokratischen Oppositionellen verhandeln konnte, die sich anschickten, die noch herrschende Nomenklatura zu ersetzen. Meine erste Großkundgebung auf ungarischem Boden Anfang März 1989 fand bezeichnenderweise vor den Wirtschaftsstudenten der damals noch so genannten Karl-Marx-Universität statt, die allein bei der Erwähnung der Worte »Ludwig Erhard« oder »Soziale Marktwirtschaft« applaudierten und damit einer breiten Öffentlichkeit bewiesen, daß diese marxistische Kaderschmiede längst zu einem Zentrum liberaler Wirtschaftskonzepte geworden war. Echte Marxisten traf man hingegen weiterhin auf den volkswirtschaftlichen Lehrstühlen des Westens. Ein Jahr später, beim ersten Mitteleuropa-Kongreß der Paneuropa-Union im Gebiet des ehemaligen Ostblocks, hatten die Verantwortlichen an derselben Universität die Rednertribüne vor dem Monument des falschen Propheten aus Trier aufgebaut. Dies war für Ungarn typisch: Man verdrängte zwar nicht die unselige marxistische Vergangenheit und sah sie als Teil der Geschichte, doch unten im Saal saßen Tausende von Menschen, die unwiderruflich mit ihr brechen wollten. 1990 trat in Ungarn eine Regierungskoalition ihr Amt an, die aus einer neuen Partei, nämlich dem Demokratischen Forum von Ministerpräsident Jozsef Antall, und aus zwei traditionellen Parteien, nämlich der Kleinlandwirtepartei und der Christlichen Volkspartei, gebildet wurde. Diese Regierung suchte zumindest anfänglich die Zusammenarbeit mit den bürgerlichen Kräften der Opposition. Das galt an erster Stelle für die liberale SzDSz, die wohl die Regierung kritisierte, aber zunächst in allen wichtigen verfassungsmäßigen Fragen mit ihr stimmte, um dieser die notwendige Zwei-Drittel-Mehrheit zu beschaffen. Daneben gibt es noch die FIDESZ, eine Organisation von Jungliberalen, und die MSzP, also die Reste des früheren Reformkommunismus. Diese MSzP wird in Ungarn nicht ausgegrenzt, da sie auch heute Funktionen innehat, so zum Beispiel die des zweiten Vizepräsidenten des Parlamentes. Belastend für das politische Klima ist vor allem die schwierige wirtschaftliche Lage. Zwar hat Ungarn gegenüber manchen seiner Nachbarn einen entscheidenden Vorteil: Es gibt keinen Mangel an Lebensmitteln, da die Landwirtschaft, trotz schlechter Struktur aufgrund anderer Faktoren, immer noch Überschüsse erzielt. Aber auf vielen

50

anderen Sektoren ist die Situation ungut, insbesondere aus drei Gründen:

Die marxistische Planwirtschaft funktionierte in Ungarn genausowenig wie anderswo. Dabei war sie weit ausgedehnter als in verschiedenen anderen Ländern. Vor allem die Reprivatisierung der Landwirtschaft verursacht viel Kopfzerbrechen.

Eine schwere Benachteiligung der ungarischen Wirtschaft bedeutete die Mitgliedschaft im Rate für Gegenseitige Wirtschaftshilfe (RGW). Tatsächlich wurde durch diesen die Struktur des Landes verzerrt. Es wurden Industrien geschaffen, die unter gar keinen Umständen in einer freien Marktwirtschaft weiterbestehen können. Außerdem haben sich die Außenhandelsströme Ungarns grundlegend verändert. Noch 1989 gingen über 50 Prozent der ungarischen Exporte in die Sowjetunion. Dies schafft besonders große Schwierigkeiten in einer Zeit, in der sich die Sowjetunion in einer schweren Krise befindet.

Eines der größten Probleme für den ungarischen Neubeginn war die Tatsache, daß das Land infolge der Inflation in der UdSSR mit nicht konvertiblen Rubeln überschwemmt wurde. Dies belastete die ungarische Nationalbank ungemein.

An dritter Stelle steht die starke Verschuldung des Landes (1989 mehr als 40 Prozent des Bruttosozialproduktes), die auf die gewissenlose Politik der Kadar-Zeit zurückzuführen ist. Die gewaltigen Kredite wurden nämlich nicht zum Aufbau einer lebensfähigen Wirtschaft verwendet, sondern vor allem im Rahmen politisch orientierter Projekte vergeudet. Es wurden Vorhaben gefördert, von denen man praktisch keine Erträge erwarten kann. Es wird daher einmal zu einer Regelung des ungarischen Schuldenproblems kommen müssen.

Was die derzeitige ungarische wirtschaftliche und soziale Lage betrifft, ist also die Ausgangsposition nicht leicht. Es gab in der ersten Hälfte des Jahres 1990 eine etwa 25prozentige Inflationsrate, sinkende Reallöhne sowie eine hohe versteckte Arbeitslosigkeit, die aus dem kommunistischen Regime stammt. Die Infrastruktur im Bereich des Verkehrs, der Telekommunikation und sogar des Wohnungsbaus ist sehr mangelhaft, während die Sozialstrukturen, speziell was Gesundheit, Altersversorgung und Arbeitslosigkeit betrifft, unterentwickelt sind.

Die neue ungarische Führung ist entschlossen, diese Probleme durch Verwirklichung der sozialen Marktwirtschaft zu lösen. Sie sucht ein gleichgewichtiges Wirtschaftswachstum und die Modernisierung der Industrie und der Landwirtschaft zu erzielen. Dabei strebt sie nach wirtschaftlicher und geldpolitischer Stabilität bei gleichzeitiger Vermeidung sozialer Härten. Doch manchmal könnte man glauben, dies wäre die Quadratur des Kreises. Natürlich sind inzwischen schwere soziale Spannungen fühlbar geworden. Man darf in diesem Zusammenhang den sozialen Nachholbedarf Ungarns nicht vergessen. Ein besonderes Gewicht legte die erste demokratisch gewählte Regierung nach der roten Diktatur deshalb zum Beispiel auf die Entwicklung einer modernen Arbeitslosenfürsorge, die bisher im kommunistischen System nicht bestanden hat. Finanzpolitisch ist das Fernziel, die Konvertibilität des Forint zu erreichen – und die Inflation zu stoppen, denn es gibt kaum etwas, das sozial ungerechter und härter ist.

Die größte Schwierigkeit auf dem Gebiet der euroäischen Integration ist für Ungarn zweifellos die ungünstige Agrarstruktur mit einem viel zu hohen Hundertsatz der Bevölkerung in landwirtschaftlichen Berufen. Gleichzeitig ist es geboten, die Besitzverhältnisse in der Landwirtschaft so zu verändern, daß die Kleinlandwirte, so sie wollen, ihren Boden zurückerhalten. Sollte die Regierung dies nicht tun, könnte dies zu Dauerschäden in den ländlichen Bezirken führen.

Beim Neuaufbau kann man feststellen, daß einer der größten Pluspunkte Ungarns zweifellos der Unternehmergeist der Bevölkerung ist. Es besteht offensichtlich die Ambition, möglichst viele kleine unabhängige Unternehmen zu schaffen, was sich auch in der hohen Zahl von »joint ventures« niederschlägt. Dazu kommt die Arbeitskraft vieler Ungarn, die sich auch in den schwierigen Zeiten gezeigt hat.

Deshalb kann man für die Zukunft Ungarns mittelfristig durchaus optimistisch sein. Es wird in der nächsten Zeit schwierige Perioden geben, insbesondere in den ersten Jahren, diese können aber durch die vorhandenen Kräfte und die Hilfe von außen überwunden werden.

Auf dem kulturellen und politischen Gebiet hat Ungarn ebenfalls die Funktion eines Wegweisers für den ehemaligen Ostblock übernommen.

Da steht an erster Stelle die Tatsache, daß die Behandlung der Minderheiten in Ungarn vergleichsweise gut ist, wenn man den allgemeinen Standard der Länder Mittel- und Osteuropas betrachtet. Die Minderheiten haben Sprachenrechte. Natürlich ist noch viel auszubauen, aber die Schritte weisen in die wünschenswerte Richtung.

Man darf in diesem Zusammenhang nicht vergessen, daß aufgrund des Vertrages von Trianon mehr als ein Drittel des ungarischen Volkes außerhalb der Grenzen des Staates lebt. Während in Rumänien und anderswo Volksgruppenrechte für die Magyaren durchgesetzt werden müssen, hat Ungarn diese den eigenen Nationalitäten gewährt – also vor allem den Deutschen, Kroaten und Serben, aber auch kleineren Gruppen wie Slowaken, Slowenen und Rumänen. Bei richtiger Politik besteht somit die Möglichkeit, für Mitteleuropa und darüber hinaus Maßstäbe zu setzen. Die Volksgruppen haben außerdem begonnen, in bewundernswerter Weise ihre eigenen Belange in die Hand zu nehmen.

Ein Zentrum solcher Bestrebungen ist neben Budapest und dem Pilisgebirge vor allem die Region um Pecs/Fünfkirchen, wo mit der Errichtung eines Lenau-Zentrums und der Schaffung elektronischer Medien in deutscher oder kroatischer Sprache Zeichen gesetzt wurden, die andere zum Handeln ermutigen sollten. Auch der neue Bischof dieser Diözese, selbst ungarndeutscher Abstammung, hat durchgesetzt, daß in der Bischofskonferenz unter seiner Leitung eine Nationalitätenkommission gebildet wurde, denn in vielen Orten fehlen noch die muttersprachlichen Gottesdienste. Internationale Unterstützung für die Volksgruppen ist trotz der ungarischen Bemühungen weiterhin notwendig, vor allem, was das Schulwesen betrifft.

Was die Menschenrechte anbelangt, gibt es bezüglich Ungarns keine Klagen mehr. Man hat im Lande das Gefühl der Rechtssicherheit wie in anderen demokratischen Staaten. Das betrifft auch die Religionsfreiheit.

In der Praxis ist allerdings noch einiges zu tun: Obwohl die

demokratische Regierung Ungarns den Kirchen jede Unterstützung zugesagt und viele konfiszierte Besitztümer
einschließlich verschiedener Klöster wieder zurückgege-
ben hat, wirken die Folgen des Kommunismus nach. Man
kann eben eine solche Katastrophe, wie sie das sozialistische Regime mit sich brachte, nicht von heute auf morgen
beseitigen. Der Religionsunterricht braucht Lehrer, die
Kirchen finanzielle Grundlagen und den Anschluß an die
moderne Entwicklung, der ihnen jahrzehntelang versagt
blieb. So ist etwa das kirchliche Zeitungswesen auch heute
noch in den Kinderschuhen. Trotz zahlreicher christlicher
Initiativen blockierten in der Hierarchie übriggebliebene
alte Strukturen manchmal den ohnehin mühsamen Wiederaufbau. Dies erklärt den Stoßseufzer des jungen Buda-
pester Weihbischofs Asztrik Varszegi:»Bei uns geht es zu
wie in den ersten Monaten nach der Türkenzeit«.
Zur kulturellen und religiösen Vielfalt Ungarns gehört
auch die Tatsache, daß von allen mittel- und osteuropäi-
schen Ländern Ungarn dasjenige ist, in dem es prozentuell
die meisten Juden gibt. Das ist darauf zurückzuführen, daß
während der hitlerischen Verfolgung breite Kreise der
ungarischen Bevölkerung, ganz besonders auch die kirchlichen Organisationen, viele Juden versteckt haben, so daß
es ein jüdisches Leben auch nach dem Zweiten Weltkrieg
gab.
Die erste demokratische Regierung Ungarns seit der Ab-
wahl der Kommunisten hat als zentrale Aufgabe den Beitritt zur Europäischen Gemeinschaft bezeichnet. Bereits
bei der ersten Sitzung des ungarischen Parlamentes wurde
der einstimmige Beschluß gefaßt, sofort um den Beitritt in
Europarat anzusuchen. Inzwischen ist Ungarn Vollmit-

glied dieses relativ lockeren, aber wichtigen europäischen Zusammenschlusses – vor allen anderen ehemaligen Ostblockländern. Die ungarische Regierung betont außerdem, daß ihr Endziel die Vollmitgliedschaft in der Europäischen Gemeinschaft sei, und daß Ungarn bereit sei, alle notwendigen Schritte in diese Richtung zu unternehmen. Zunächst einmal wird ein Assoziierungsabkommen geschlossen, doch auch der Beitrittswunsch wurde in Brüssel bereits offiziell deponiert.

Im September 1990 nahm das Europäische Parlament fast einstimmig einen von mir verfaßten Bericht an, in dem eine ungarische EG-Mitgliedschaft im Grundsatz akzeptiert wurde. Natürlich sind bis dorthin noch viele Probleme zu lösen, doch ich kann als Präsident der für Ungarn zuständigen Delegation in der europäischen Volksvertretung die entsprechende Vorarbeit leisten, die bei der überwältigenden Mehrzahl der Straßburger Abgeordneten Rückendeckung findet.

Die Rückkehr Ungarns nach Europa hat also begonnen, doch kann es dieses Werk weder ganz allein noch aus eigener Kraft vollenden. Es wird größerer Hilfe von seiten der Gemeinschaft bedürfen. Man kann aber feststellen, daß diese Unterstützung in Ungarn mit seiner sich schon stark in Richtung auf Freiheit entwickelnden Wirtschaft einen fruchtbaren Boden vorfindet. Es läßt sich daraus schließen, daß Ungarn durchaus die Chance hat, auch weiter eine Pilotenrolle in der Entwicklung Mitteleuropas hin zu Freiheit und Demokratie zu spielen. Es verdient in dieser Aufgabe die Unterstützung der Europäischen Gemeinschaft und der ganzen demokratischen Welt.

Das böhmische Herz

Kaum ein europäisches Land kennt so viele Widersprüche wie Böhmen, das gemeinsam mit Mähren und Österreichisch-Schlesien – die ebenfalls zur altehrwürdigen Wenzelskrone gehören – das Herz Europas bildet. Das modellhafte Zusammenleben zweier Völker, der Deutschen und der Tschechen, ist ebenso Teil der böhmischen Geschichte wie die Bluttaten und Greuel, die beide Seiten einander zufügten, vor allem in unserem Jahrhundert. Es gab dabei freilich nicht nur ein Lidice, wie der sudetendeutsche Sozialdemokrat und Hitlergegner Ernst Paul schrieb, sondern auch die Massaker, die 1945 an Deutschen verübt wurden – zum Beispiel in Aussig, beim Brünner Todesmarsch oder auf dem Wenzelsplatz wie dem Altstädter Ring im Prag.

Dieser Altstädter Ring sah durch die Jahrhunderte hindurch Tote beider Völker und ist doch einer der harmonischsten und schönsten Plätze in Europa, eine eindrucksvolle Gemeinschaftsleistung. Während seine Silhouette im wesentlichen die Zeiten überdauerte, ist das Schicksal seiner Denkmäler bezeichnend. Schon zur Zeit der k.u.k. Monarchie wurde das Monument für den Eiferer Jan Hus geschaffen, doch mit Ausrufung der Republik gewaltsam

die benachbarte, jahrhundertealte Mariensäule gestürzt.
Für religiöse Toleranz und historische Kontinuität hatten
die Revolutionäre von 1918 offenbar keinen Sinn mehr.
Allerdings entstand 1990, nach Beseitigung der Kommunisten in Prag, sofort eine Bürgerinitiative mit dem Ziel, die
Mariensäule wieder zu errichten, ohne Jan Hus zu entfernen. Obwohl dies erst ein Anfang ist, kann es auf eine
bessere Zukunft für Böhmen, Mähren und Österreichisch-
Schlesien deuten.

Die Länder der heiligen Wenzelskrone erlebten eine Blü-
tezeit immer dann, wenn die beiden Völker und die leben-
digen geistigen Kräfte des Landes friedlich zusammenlebten. Schon die ersten slawischen Fürsten hatten die deutsche Volksgruppe unter ihren Schutz gestellt, wie Herzog
Sobieslaw, dessen Urkunde – so etwas wie die Vorstufe
eines modernen Volksgruppenrechtes – in Kopie im Foyer
des Sudetendeutschen Hauses in München ausgestellt ist.
Daneben finden sich am selben Ort die verbrecherischen
Vertreibungsdekrete, die der tschechoslowakische Staats-
präsident Edvard Beneš nach dem Zweiten Weltkrieg
erließ. Die wilde und die sogenannte ordentliche Vertreibung kosteten mehr als drei Millionen Sudetendeutschen
die Heimat und viele auch das Leben. Von mehr als einer
Viertelmillion weiß man nicht, was aus ihnen geworden ist.
Solches nationalistisches Wüten, das durchaus auch dem
kriminellen Hirn eines Adolf Hitler hätte entspringen
können, hätte vor den Augen der tschechischen Herzöge
und Könige des Mittelalters keine Gnade gefunden. Vor
allem König Přemyszl Ottokar II. rief deutsche Siedler ins
Land, die öde Landschaften zum Blühen brachten sowie
reiche und mächtige Städte oder Märkte gründeten.

Trotz vieler Wechselfälle, zu denen der nationalistisch-sozialistische Terror der Hussiten ebenso gehörte wie manche harte Entscheidung der Obrigkeit, lebten Tschechen und Deutsche durch 800 Jahre hindurch im wesentlichen friedlich zusammen und schufen in Böhmen und Mähren ein Klein-Europa.

Der luxemburgische Kaiser Karl IV. und der Habsburger Rudolf II., aber auch die anderen Kaiser und Könige machten Prag zu einem Mittelpunkt des Abendlandes, wo neben tschechischen und deutschen Einflüssen auch italienische, ungarische, französische wie flämische fühlbar wurden, um nur einige zu nennen.

Karl IV. beherrschte nicht nur die wichtigsten europäischen Sprachen, er dachte kontinental. Dieser mittelalterliche Monarch setzte fort, was ein anderer Karl, Karl der Große, begonnen hatte und was später in Karl V. weiterleben sollte: Die Idee eines christlichen Gesamteuropa. Als ich 1990 erstmals in Prag war – weder unter Masaryk oder Beneš, noch unter Hitler oder den Kommunisten wäre dies möglich gewesen –, stieß ich überall auf die Spuren Karls IV. Nicht nur die Karlsbrücke über die Moldau oder die Karlsuniversität, wo eine Paneuropa-Großkundgebung stattfand, erinnerten an ihn, sondern vor allem die europäische Begeisterung jener Menschen, die sich soeben vom Marxismus befreit hatten.

Die böhmischen Länder hatten zu diesem Zeitpunkt Jahrzehnte eines tragischen Niederganges hinter sich. Dies begann bereits 1918. Der tschechoslowakische Nationalstaat, der damals entstand, war ein künstliches Gebilde. Deutsche, Slowaken, Ungarn und die ukrainischen Ruthenen waren gewaltsam in ihn gepreßt worden, obwohl sie die Mehrheit der Einwohner stellten. Die Tschechen, vielmehr ihre Führer Masaryk und Beneš, hatten einen Nationalstaat anstelle des österreichischen Vielvölkerreiches setzen wollen. Die Slowakei beanspruchten sie aufgrund des von US-Präsident Wilson proklamierten Selbstbestimmungsrechtes der Völker, den Deutschen an den Rändern der böhmischen Länder verweigerten sie dies im gleichen Atemzug unter Berufung auf das »historische Staatsrecht«. Solche Doppelzüngigkeit wäre selbst während der damaligen Wirren aufgefallen, wenn es den nationalistischen Staatsgründern nicht gelungen wäre, das »tschechoslowakische« Volk zu erfinden, mit dem sich eine Mehrheit in der neuen Republik konstruieren ließ.

Obwohl die tschechoslowakische Republik niemals jene mitteleuropäische Schweiz wurde, die ihre Gründer den Nationalitäten versprochen hatten, versuchten einsichtige Tschechen, Slowaken, Ungarn und Deutsche – die sogenannten Jungaktivisten wie Wenzel Jaksch und Hans Schütz – sie von innen heraus zu reformieren, doch vergebens! So entwickelte die Republik niemals ein echtes Staatsbewußtsein.

Dies verdeutlicht den Unterschied zu Österreich-Ungarn. Man hat die Monarchie oftmals als Völkerkerker verleumdet und dabei behauptet, die Tschechen hätten sich in ihr immer als Fremde gefühlt. Dabei kämpften tschechische Soldaten im Ersten Weltkrieg für dieses kaiserliche Kleineuropa jahrelang mit größter Tapferkeit, während die tschechoslowakische Republik dreißig Jahre später kampflos dem Druck Hitlers wich und rasch auseinanderfiel. Während die Sudetendeutschen auch nach der Vertreibung infolge des Zweiten Weltkrieges an ihrer österreichischen Tradition festhielten, versuchte man den Tschechen einzureden, sie hätten mit dieser nichts gemein.

Diese Desinformation fiel aber nur teilweise auf fruchtbaren Boden. Konservative Tschechen – vor allem der jüngeren Generation – haben auch 1990 noch nicht vergessen, daß der opportunistische »brave Soldat Švejk« bloß eine literarische Figur, Feldmarschall Graf Radetzky hingegen einer der bedeutendsten österreichischen Offiziere – nicht nur des neunzehnten Jahrhunderts – und tschechischer Herkunft war. Von Radetzky konnte man mit Franz Grillparzer sagen, in seinem Lager sei Österreich: »...denn vorwärts ist ung'risch und böhmisch!«

Politisch trug die »alttschechische Bewegung« viel zur – für Europa zukunftsweisenden – Föderalismusdiskussion in der österreichischen Reichshälfte der k.u.k. Monarchie bei. František Palacky, der wichtigste tschechische Historiker, wurde im 19. Jahrhundert durch seine Ansicht berühmt, daß man Österreich, wenn es nicht schon bestünde, schaffen müßte – im Interesse der Humanität. Palacky warnte vor einer Zertrümmerung des habsburgischen Bundes, weil sonst die »russische Universalmonarchie« mit Böhmen eine Schlüsselstellung im Herzen Europas erobern würde. In der Tat: Bis zum 27. November 1989, als die Paneuropa-Fahne beim Generalstreik auf dem Wenzelsplatz wehte, reichte das moskowitische Imperium in kommunistischer Form bis zum Böhmerwald.

Nationalismus und Kommunismus haben zwischen 1918 und 1989 die böhmischen Länder zerstört. Die Tschechoslowakisten versuchten ihnen den europäischen Genius zu rauben, die Nationalsozialisten vernichteten das europaweit bedeutsame Judentum der böhmischen Länder und der Slowakei, die Beneš-Anhänger vertrieben nach 1945 die Deutschen, und die Kommunisten des »Arbeiterpräsidenten« Klement Gottwald zertrümmerten nicht nur das tschechische Bürgertum, sondern versklavten auch das tschechische Proletariat. Die Slowaken und die Nationalitäten verloren jedes Eigenleben.

Aus dem Herzland Europas war eine Wüste im Herzen Europas geworden. Städte und Dörfer verfielen, Hunderte von Siedlungen in den verschiedenen Teilen des entvölkerten Sudetenlandes verschwanden, die ökologische Katastrophe war selbst für kommunistische Verhältnisse beispiellos.

Dennoch gab es immer Menschen, die daran glaubten oder dafür arbeiteten, den elenden Zustand der böhmischen Länder zu überwinden.

Dazu gehörten vor allem die Sudetendeutschen. In Bayern oder dem übrigen Deutschland, in Österreich oder weltweit verstreut lebend, bewahrten sie sich und ihren Nachkommen die Liebe zur angestammten Heimat. Sie pflegten ihr kulturelles Erbe und damit auch die gemeinsamen Überlieferungen der böhmischen Länder. Sie wurden nicht zum revolutionären Sprengstoff, den Stalin aus den deutschen Heimatvertriebenen machen wollte, sondern zur Vorhut der europäischen Einigung. Ihr Leitbild war der Paneuropa-Gründer Richard Graf Coudenhove-Kalergi, der, aus Ronsperg in Böhmen stammend, die moderne europäische Einigungsbewegung ins Leben gerufen hat. Die Sudetendeutsche Landsmannschaft verlieh ihm ihren Karlspreis und wurde später korporatives Mitglied der Paneuropa-Union.

Coudenhove-Kalergi bezeugt in seinen Erinnerungen, daß

die Paneuropa-Idee von seiner böhmischen Herkunft geformt wurde: »Ronsperg lag nahe an der Staatsgrenze, die uns von Bayern trennte, näher noch an der Sprachgrenze, die uns von den Tschechen trennte.«

Schon als Kind litt er unter dieser doppelten Grenzziehung auf engstem Raum und verurteilte den Nationalismus an der Trennungslinie der Sprachen ebenso scharf wie die überflüssigen Kontrollen zwischen den Staaten: »Ich verstand nicht, weshalb wir bei unseren Spaziergängen nach Bayern grundlos von Zollbeamten verhört wurden.«

So wie die Sudetendeutschen hielten aber auch viele Tschechen die Paneuropa-Idee hoch, und dies unter größter Gefahr.

Schon Jahre vor dem erfolgreichen Aufstand gegen die Kommunisten gründete Professor Kučera in Prag die Untergrundzeitschrift »Mitteleuropa«, die die österreichische Vergangenheit, das bislang tabuisierte Thema der Vertreibung der Sudetendeutschen und die paneuropäische Zukunft der mitteleuropäischen Länder behandelte.

All das war damals streng verboten. Diese tschechischen Oppositionellen wanderten vielfach ins Gefängnis oder mußten als qualifizierte Wissenschaftler Handlangerdienste auf Baustellen leisten. Sie litten für das künftige Europa, während es viele im Westen schon für zu mutig hielten, wenn man ihr Schicksal in der Öffentlichkeit auch nur erwähnte.

Nach der Wende wurden sie Pioniere der Erneuerung. In Brünn entstand aus der mährischen Ausgabe der Vierteljahreszeitschrift »Mitteleuropa« die Monatszeitung »Proglas«, die so heikle Themen wie den Todesmarsch der

Brünner Deutschen von 1945 anpackte. Der Journalist Marian Švejda renovierte mit einer Jugendgruppe unter Führung des sudetendeutschen Komponisten Widmar Hader ebenso einen deutschen Friedhof, der unter den Kommunisten vernichtet worden war, wie Karel Groulik aus Budweis Kulturdenkmäler im Böhmerwald wiederherstellte. Zu ihnen gesellten sich auch die ehemaligen Untergruppen von Miroslav Kopt, deren Aktivisten während der Kommunistenherrschaft zum Teil in den Joachimsthaler Uranminen Zwangsarbeit verrichtet hatten.

Geist von diesem Geiste waren auch die versöhnlichen Worte des Präsidenten Vaclav Havel, der die Vertreibung der Deutschen ebenso eindeutig verurteilte wie alle Kollektivschuldthesen. Trotzdem bleiben noch viele Schwierigkeiten. Immer noch gibt es Nationalisten und auch Marxisten, die sich ihrerseits dieser Relikte des neunzehnten Jahrhunderts und der Beneš-Ära bedienen. Es wird noch lange dauern, bis zwischen den beiden Völkern aus Böhmen die Wunden verheilt sind.

Trotz aller Konflikte, die die Zukunft noch in sich birgt, können sie aber zueinander finden, wenn tatsächlich »die Wahrheit siegt«. In der Geschichte finden sie die Bauelemente für einen Neubeginn. Vom Sobieslaw'schen Privileg bis zum Mährischen Ausgleich des Jahres 1905, von der Reichsidee Karls IV. bis zu Coudenhove-Kalergi hat das böhmische Herz den Kontinent immer neu belebt. Seine Impulse werden auch im einundzwanzigsten Jahrhundert gebraucht.

Die böhmischen Länder – also auch Mähren und Österreichisch-Schlesien – besitzen ein Erstgeburtsrecht in Europa. Sie können darauf pochen, wenn sie sich im Geist des Christentums erneuern. Kardinal Tomašek und die vielen Untergrundchristen waren in den Jahrzehnten des Kommunismus Symbole des Aufbruchs. Nationaler Haß und religiöse Entwurzelung, die es in Böhmen auch immer gab, sollten in diesem Geiste überwunden werden.

SLOWAKISCHE ENTSCHEIDUNG

Es war im Jahr 1979. Der Wahlkampf zum ersten direkt gewählten Europa-Parlament lief bereits auf vollen Touren. Die meisten Kandidaten verstanden unter Europa nur den Westen. Die wenigen, die sich zur Dekolonisierung Mittel- und Osteuropas bekannten, wurden scharf angegriffen. So erklärte Willy Brandt am ersten Mai dieses Europawahljahres auf dem Münchener Marienplatz, daß die Paneuropa-Union und ihr Präsident Otto von Habsburg zwar in bayerischen Bierzelten und Wirtshäusern von Großeuropa schwadronieren könnten, auf dem internationalen Parkett des Europäischen Parlamentes müßten sie ihre unrealistischen Ansichten aber bald fallen lassen.
Nicht nur Sozialisten und Linksliberale dachten so. Auch viele Wirtschaftsleute, vor allem bei den ganz großen Unternehmen, waren dagegen, die Jalta-Ordnung anzutasten. Freilich gab es in Deutschland und Österreich rühmliche Ausnahmen. Sie halfen den paneuropäischen Kräften in dieser schwierigen Situation, in der sie allgemein attackiert wurden, erst recht. In besonderer Weise tat dies jedoch ein Mann, der in Kanada lebte: Steven B. Roman, einer der reichsten Bürger dieses nordamerikanischen Landes. Er ließ sofort Plakate drucken und durch die

Paneuropa-Union verbreiten, auf denen stand:»Vergeßt nicht die versklavten Länder Europas«.

Die meisten Parteizentralen weigerten sich allerdings, das Plakat zu übernehmen, außer der CSU, deren Vorsitzender Franz Josef Strauß sich unzweideutig zu Paneuropa bekannte.

Wenn aber die Westeuropäer – abgesehen von Strauß – sich so wenig großeuropäisch verhielten, warum tat es dann ein kanadischer Bergwerksbesitzer? Des Rätsels Lösung: Steven B. Roman war ein zu großem Wohlstand gelangter Exilslowake. Anders als die meisten vergleichbaren Existenzen behielt er jedoch das, was ihm zufiel, nicht für sich selbst, sondern opferte sich materiell und gesundheitlich bis zum Äußersten auf für sein unterdrücktes Volk und für die Befreiung aller versklavten Europäer.

Er durfte die Ernte dessen, was auch er gesät hatte, nicht mehr einbringen, doch seine Leistungen überdauern. Er hatte um sich das slowakische Exil geschart, das anders als andere Emigrationen ein hohes Maß an Geschlossenheit bewahrte, um für die Befreiung nützlich zu sein.

Dieser Zusammenhalt war für das kleine slowakische Volk wichtiger als alle materiellen Möglichkeiten. Es verfügte weltweit und in der EG über eine mächtige Lobby. Es betrieb, anders als die in der Beneš-Tradition befangenen Hauptrepräsentanten des tschechischen Exils, die Aussöhnung mit den aus der Tschecho-Slowakei vertriebenen Deutschen, für die der tschechische Untergrund viel leistete, für die jedoch nur wenige Tschechen im Westen etwas taten. Zu diesen rühmlichen Ausnahmen gehörte der tschechische General Prchala. So war es logisch, daß Roman, wie zuvor Prchala für die aufgeschlossenen Tsche-

des Slowakischen Weltkongresses den Europäischen Karlspreis der Sudetendeutschen Landsmannschaft erhielt. Diesem Weltkongreß verdanken es die Slowaken, daß sie trotz des Eisernen Vorhanges von Anfang an am Aufbau der Europäischen Gemeinschaft mitwirken konnten.

Dabei ist ihr Europäertum nicht erst nach dem Zweiten Weltkrieg zum Ausdruck gekommen. Sie haben seit Jahrhunderten als typisch mitteleuropäische Brücke zwischen dem ungarischen, deutschen und tschechischen Sprachraum auf der einen Seite und den Ukrainern wie den Polen auf der anderen gedient. Kurz vor Ende des Ersten Weltkrieges durfte ich als Kronprinz Preßburg besuchen, 1990 nach Jahrzehnten des Einreiseverbotes wieder als Präsident der Paneuropa-Union. Nicht nur im Dom, wo so viele Könige gekrönt worden sind, spürte man: Die slowakische Hauptstadt atmet den Geist vieler Völker. Das läßt sich allerdings auch über die anderen Teile des Landes sagen, die von der Hohen Tatra ausgehend den Übergang zu den benachbarten Nationen bilden.

Einer der bedeutendsten slowakischen Politiker dieses Jahrhunderts ist das typische Produkt dieser historischen Strömungen: Milan Hodža. Als Berater in der sogenannten Werkstatt des Erzherzog-Thronfolgers Franz Ferdinand entwickelte er Vorschläge zur Lösung der Nationalitätenprobleme. Als Freund und Mitarbeiter Coudenhove-Kalergis versuchte er die Paneuropa-Idee mit dem Konzept einer Donau-Föderation zu verbinden.

Bei aller europäischen Gesinnung der Slowaken, die in Hodža zum Ausdruck kam, blieb dieses europäische Volk fromm und traditionsbewußt. Die Volkskultur seiner Bauern hat zumindest teilweise den Kommunismus überstanden.

Heute ist diese kleine Nation aber auf stürmische See geraten. Niemand wird bestreiten, daß viele slowakische Forderungen nach mehr Eigenständigkeit genauso berechtigt sind wie die seinerzeitige Ablehnung des künstlichen »Tschechoslowakismus« eines Masaryk oder Beneš. Die Slowaken sind ein Volk mit eigenen Rechten. Doch ihre Rolle im künftigen Europa wird davon abhängen, wie sie sich mit ihren tschechischen oder ungarischen Nachbarn, mit den karpatendeutschen Vertriebenen oder mit den Nationalitäten im eigenen Land ausgleichen. Letztere haben ebenfalls ein Recht auf ungestörte politische und kulturelle Entwicklung, auch wenn dies manchen nicht paßt.

Die Slowaken haben wieder einmal die Chance, eine europäische Entscheidung zu treffen.

Die Heimkehr der Kroaten und Slowenen

Inmitten der zahlreichen Nachrichten, die aus Mittel- und Osteuropa kommend den Westen überfluteten, hat man allzu sehr auf die Völker Jugoslawiens vergessen. Dabei kann man auch in diesem Land eine Entwicklung beobachten, die vielfach an diejenige im früheren sowjetischen Hegemonialbereich erinnert. Das jugoslawische Problem ähnelt durchaus dem sowjetischen. Die beiden Gebilde sind Vielvölkerstaaten, die aber zu künstlichen National-staaten umgefälscht wurden. Die Schaffung Jugoslawiens nach dem Ersten Weltkrieg war einer der vielen verhäng-nisvollen Fehler, die die Aliierten 1918 begingen und da-nach in den Pariser Vorortverträgen zementierten. Die Slowenen hatten zum Heiligen Römischen Reich und zur österreichischen Hälfte der k.u.k.-Monarchie gehört, Kroatien bildete eine Personalunion mit Ungarn, Bosnien-Herzegowina erlebte zumindest in den letzten Jahrzehnten Österreich-Ungarns eine mitteleuropäische Epoche, wäh-rend sich Serben und Montenegriner nach langer Türken-herrschaft den orthodoxen Balkanvölkern zugehörig fühl-ten. Der Königsdiktatur im ersten Jugoslawien, die die historischen Teilstaaten und die sie tragenden Völker will-kürlich aufteilte, folgte nach dem Zweiten Weltkrieg ein

Neubeginn, der aber mit einem Blutbad anfing und im bürokratischen Sozialismus endete.

Wer Jugoslawien bereist, merkt rasch, daß dieser Staat sicher nicht in dieser, wahrscheinlich aber auch in keiner anderen Form eine Zukunft hat. An Ort und Stelle zeigt sich, daß es im westeuropäischen Bewußtsein ein allzu romantisches Bild des jugoslawischen Regimes gegeben hat. Weil Tito mit Stalin gebrochen hatte, wurde er idealisiert. Wir finden hier übrigens eine gewisse Parallele mit der seinerzeitigen westlichen Begeisterung für Ceausescu, nur weil sich dieser eine Weile den Anschein gab, als hätte er einen unabhängigen politischen Kurs eingeschlagen.

In Wirklichkeit war das Tito-Regime auch nach dessen Ableben totalitär. Es gab viele Ungerechtigkeiten und Vergewaltigungen der Menschenrechte. Die Bevölkerung hatte, verglichen mit anderen kommunistischen Staaten, nur eine einzige Freiheit, die allerdings ins Gewicht fiel: Sie konnte ein- und ausreisen. Es gab daher eine bessere Atmosphäre, nicht zuletzt auch dank der Masse der Touristen.

All das hat allerdings nicht verhindert, daß die einzelnen Personen auch weiterhin nicht nur unterdrückt wurden, sondern auch die bitteren Folgen eines optisch wohl gemäßigteren, aber immer noch harten sozialistischen Regimes zu spüren bekamen. Vom im Westen gepriesenen »jugoslawischen Modell« spürte man im Land selbst überhaupt nichts. Auch dort hat man arbeitsame, tüchtige Völker durch die wirtschaftlichen Strukturen, in die sie hineingepreßt waren, zugrunde gerichtet. Zudem wurden Menschen und Gruppen in einer Art und Weise

verfolgt, die sich durch besondere Grausamkeit aus-
zeichnete.

Parallel mit den Entwicklungen in den mitteleuropäischen
Teilen des ehemaligen Ostblocks ist auch im westlichen
Jugoslawien eine Welle der Liberalisierung entstanden.
An der Spitze marschierte Slowenien. Wenig später hat
auch Kroatien den gleichen Weg beschritten und ist ihn mit
Slowenien weitergegangen. Unter der Leitung von General Franjo Tudjman, einem früheren Partisanenkomman-
danten, hat sich eine kroatische Bewegung gebildet, die als
eindeutige Alternative zum kommunistischen Regime,
aber auch zu einem zentralistischen oder serbisch domi-
nierten Jugoslawien eine europäisch-freiheitliche kroatische Politik gefordert hat. Die ersten freien Wahlen haben
Tudjmans Partei eine erdrückende absolute Mehrheit im
Parlament gegeben, so daß der General als Präsident der
Kroatischen Republik nunmehr tatsächlich in seinem Land
freie Hand hat. Es blieben nur mehr geringe Reste des
Kommunismus übrig. Die Alternative zu der Partei Tudjmans, der HDC, waren gemäßigte Kräfte wie Christdemo-
kraten, Liberale oder Anhänger der alten Bauernpartei
des Stjepan Radic. Man kann daher von einer demokratischen Einstimmigkeit des kroatischen Volkes sprechen.
Auch die Slowenen sind zur christlichen und demokratischen Tradition zurückgekehrt, die sie in der österreichischen Monarchie entwickelt hatten und die seit 1918 unter-
brochen war.

Die Behauptung vieler Zeitungen im Westen, der kroatische General Tudjman und seine Partei seien Rechtsextre-
misten, ist falsch. Der erste Würdenträger des Staates
verfolgt – wie auch die neue slowenische Regierung –

durchwegs gemäßigte demokratische Ziele. So wollen sie nicht einmal Jugoslawien als Staat einfach auflösen. Sie möchten dieses vielmehr auf dem Weg nach Europa in eine lose Konföderation verwandeln. Erst wenn die anderen Partner sich einer solchen Lösung widersetzen, käme die Proklamierung der völligen kroatischen oder slowenischen Selbständigkeit in Frage.

Diesbezüglich entstanden aber rasch Probleme mit den Serben, von denen sich viele gegen die Demokratie sträuben und unter der Führung des charismatischen serbischen Staatspräsidenten Slobodan Milošević auch nach den freien Wahlen in Slowenien und Kroatien eine hegemonialistisch-totalitäre Politik verfolgten. Auch mancher serbische Demokrat ist übrigens für die Vorherrschaft seines Volkes oder den »Jugoslawismus«. Trotzdem versuchten Kroaten und Slowenen weiterhin, mit den Serben ins Gespräch zu kommen.

Einen Schatten wirft allerdings die noch immer ungeklärte Haltung der jugoslawischen Armee auf das Land. In dieser haben die Serben einen überproportionalen Einfluß, daher die harten Erklärungen führender Offiziere. Trotzdem sind die Kroaten und Slowenen mehrheitlich optimistisch und hoffen auf den Sieg der Vernunft.

In Kroatien und Slowenien ist man entschlossen, sich wieder dem Westen zuzuwenden, wie es den Traditionen dieser Länder entspricht. Diese Völker glauben an die Marktwirtschaft. Sie unterhalten direkte Kontakte mit dem Westen. Durch die Freizügigkeit, auch schon in früheren Jahren, war es ihnen möglich, Erfahrungen zu sammeln. Dies galt für die Arbeitnehmer, die jahrelang im Westen lebten, aber auch für die Politik. So bestanden relativ früh Kontakte zwischen der kroatischen Emigration und dem slowenischen Untergrund. Zeichen dessen waren die Auftritte des Bürgerrechtlers Professor Bučar – lange vor der freiheitlichen Wende in Slowenien – bei der Straßburger Arbeitsgruppe Mittel-und Osteuropa, an denen auch der kroatische Nationalrat im Exil mitwirkte. Inzwischen ist France Bučar Präsident des ersten frei gewählten slowenischen Parlamentes und hat mit seinem kroatischen Kollegen – an der Blockade durch Belgrad vorbei – direkte Beziehungen zwischen den beiden Völkern und dem Europaparlament geschaffen. Der Besuch der beiden Präsidenten, die der Vizepräsident des Europaparlamentes Siegbert Alber auf der offiziellen Tribüne willkommen hieß, verdeutlichte auch den größten Ignoranten, daß das Selbstbestimmungsrecht der Völker für Slowenen und Kroaten genauso gelten muß wie für die sogenannte Dritte Welt, in der dies jeder bejaht.

Beide Nationen sind entschlossen, sich möglichst bald der Europäischen Gemeinschaft zu nähern. Dabei wird sich für letztere die Frage stellen, wie sie sich gegenüber dieser Entwicklung verhält. Es ist nämlich durchaus denkbar, daß sich in Jugoslawien der serbische Staat weiter sträuben wird, der EG beizutreten, während die anderen nach Europa wollen. Hier muß die EG ein Konzept entwickeln, denn es wäre unerträglich, wenn Europäer, die in ihre natürliche Gemeinschaft mit den anderen alten Kulturvölkern zurückkehren wollen, infolge der Obstruktion einer einzigen Nation daran gehindert würden.

Die Geschichte ruft nach einer solchen Lösung. Die Kroaten haben durch Jahrhunderte auf den äußeren Wällen der Christenheit gegen die türkische Invasion gestanden, wie es die Tradition der »Grenzer« an der habsburgischen Militärgrenze verlangte. Sie sind ein durch und durch westlich-zivilisiertes Volk. Man hat in Kroatien heute das Gefühl, die Gemeinschaft gar nicht verlassen zu haben, wie ich 1990 bei meinem ersten Besuch in Zagreb erleben durfte. Die heutige serbische Führung scheint allerdings vergessen zu haben, daß an der einstigen Militärgrenze auch Serben europäische Werte verteidigt haben.

Auch die Slowenen haben große politische und kulturelle Leistungen für das Abendland erbracht. Als Kronprinz war ich Inhaber eines slowenischen Regimentes, mit dessen Veteranen ich auch nach 1918 stets die Verbindung aufrechterhielt. Ihre Tapferkeit war in schwerster Zeit beispielgebend und sollte jene beschämen, die aus nationalistischer Überheblichkeit den slowenischen Beitrag zum österreichischen Erbe leugnen wollen. Gott sei Dank gibt es positive Elemente wie die Paneuropa-Union Kärnten, die zusammen mit dem Paneuropa-Kreis Alpen-Adria 1989 slowenische und deutsche Kärntner in fruchtbarer Atmosphäre an einem Tisch versammelte, obwohl Kleingeister im eigenen Land dagegen protestiert hatten.

Steiermark, Kärnten oder Friaul waren in ihrer Geschichte meist verbindende Elemente vom deutschen und vom romanischen Kulturkreis hinüber nach Slowenien und Kroatien. Darin liegt auch in Zukunft ihre Mission und nicht im Gegeneinander.

Slowenen und Kroaten kehren nunmehr – wenn man sie nicht gewaltsam davon abhält – zurück nach Europa. An Europa wäre es, diesem Bestreben entgegenzukommen. Man darf die vergangenen Dienste der Slowenen und

Kroaten an der westlich-christlichen Zivilisation nicht vergessen. Auch die Europäische Gemeinschaft würde viel gewinnen.

Europa hat drei große Volksstämme: Germanen, Lateiner und Slawen. Letztere haben bisher durch die Entscheidungen von Jalta nicht die Möglichkeit gehabt, an der europäischen Einigung mitzuwirken. Nunmehr zeichnet sich die Re-Integration der Slawen ab. Hier wären die Slowenen und Kroaten berufen – wie weiter im Norden die Tschechen und Slowaken – eine Brücke für die übrigen Stämme zu bilden.

SLAWISCHE DIMENSION

Wenn Europa zu seiner slawischen Dimension zurückfindet, ist dies vor allem der Tapferkeit der slawischen Völker zuzuschreiben. Wer in Warschau die einstige Pfarrkirche des ermordeten Pfarrers Popieluszko besucht hat, weiß um den Heldenmut der Polen. Ohne diesen Kampfgeist wären die sowjetischen Zwingherren wohl niemals in die Knie gegangen.

Als ich am Grab Popieluszkos einen Kranz niederlegte, versammelte sich dort eine große Menschenmenge aus der Pfarrei, obwohl diesem toten Helden von den Gästen des Landes oft der Respekt bekundet wird – durch ein Gebet an seiner letzten Ruhestätte. Doch jedesmal stößt die Andacht auf die Anteilnahme der Einheimischen. Die Menschen hängen eben an diesem Symbol der Tapferkeit, und es ist für uns um so beschämender, daß viele unserer Staaten nach dem tragischen Ende dieses polnischen Märtyrers mit dem kommunistischen Jaruszelski-Regime »business as usual« betrieben. In Warschau und Krakau, Tschenstochau und Lowicz durfte ich selbst erleben, wie sehr das polnische Volk in seiner wechselvollen Geschichte am nationalen Erbe wie am christlichen Glauben festgehalten hat.

Ähnliches läßt sich auch über die Ukrainer sagen. Dieses alte Kulturvolk mußte nicht nur den Kommunismus, sondern auch noch einen starken Russifizierungsdruck erleiden. Die Ukrainer wehrten sich dagegen, wurden aber von der Welt dabei weitgehend alleingelassen. Dieses Volk mit mehr als 40 Millionen Menschen nahm man einfach nicht zur Kenntnis und glaubte, in Kiew oder Lemberg lebten halt ebenso Russen wie in Moskau.

Die ukrainisch-katholische, mit Rom unierte Untergrundkirche entwickelte zwar in den Katakomben ein eindrucksvolles religiöses Leben, weil Untergrundbischöfe und Untergrundpriester unter Lebensgefahr das Evangelium verkündeten oder die Sakramente spendeten. Unsere hauptberuflichen Verbandskatholiken beschäftigten sich aber lieber mit Lateinamerika oder Afrika. Erst Papst Johannes Paul II. schärfte zumindest bei den Gutwilligen den Sinn für die zutiefst christlichen slawischen Völker. Mit seinem typisch polnischen Sinn für Symbolik tat er dies, indem er die Slawenapostel Cyril und Method neben dem heiligen Benedikt zu Patronen Europas erklärte.

Die ukrainisch-katholische Kirche verdankt ihm wesentlichen Halt. Dies nutzte der ganzen Nation, gleich, welcher Konfession der einzelne angehörte. Deshalb war es kein Zufall, daß die ukrainische Unabhängigkeitsbewegung RUCH vom altösterreichisch geprägten und von vielen ukrainisch-katholischen Gläubigen bewohnten Lemberg ausging, aber auch den Osten des Landes um Kiew erfaßte und dort einen weiteren Mittelpunkt fand.

Eine der seltenen westlichen Hilfeleistungen für das ukrainische Volk erbrachte der Augsburger Bischof Josef Stimpfle mit seiner – durch eine Intervention von Franz Josef

Strauß und Theo Waigel bei Michail Gorbatschow ermöglichten – Pilgerreise zur ukrainisch-katholischen Katakombenkirche. Er durfte zwar ins Land, wurde aber gestört, vernommen, und seine Gesprächspartner mußten trotz Glasnost und Perestrojka heimlich den Kontakt zu ihm aufnehmen. Dennoch gelang es dem Augsburger »Europabischof«, das ukrainische Volk in seinem Freiheitskampf zu unterstützen.

Nicht nur Polen und Ukrainer, Tschechen und Slowaken, Slowenen und Kroaten finden nunmehr zurück nach Europa. Auch Weißrussen oder Bulgaren haben sich auf den Weg gemacht, obwohl noch viele Hindernisse bestehen. Sie müssen ihre Unabhängigkeit erkämpfen, Nationalismus wie Kommunismus überwinden und ihre ökologischen, sozialen oder wirtschaftlichen Schwierigkeiten meistern. Auch ihr Verhältnis zu Rußland bedarf einer Neuordnung, denn sie sind die Brücke zwischen dem Abendland und der grandiosen russischen Kultur. Der Panslawismus ist sicher tot. An seine Stelle dürfen keinesfalls ebenso gefährliche irrationale Nationalismen nach der Art des Belgrader Chauvinisten Milošević treten. Europa muß sicher seine slawische Dimension zurückgewinnen, aber auch die europäische Dimension in den Slawen, die jahrzehntelang unterdrückt war, muß zu neuem Leben erweckt werden.

Von Breslau bis Kronstadt

Es gehört zu den größten Fehlern unserer Politiker, daß sie nur die wirklichen oder vermeintlichen Nationalstaaten sehen, deren Diplomaten bei ihnen akkreditiert sind, und nicht die Vielfalt der Völker und Volksgruppen. In Prag reden sie vom tschechoslowakischen Volk, das es niemals gab, in Belgrad vom jugoslawischen. Von Kroaten oder Slowaken haben sie entweder nie etwas gehört oder sehen diese höchstens in der Kategorie von Folkloregruppen. So fehlt diesen Etatisten, die geistig noch von den Langzeitwirkungen der Französischen Revolution geschädigt sind, oftmals die Voraussetzung für wirksames Handeln. Es mangelt ihnen an elementaren Kenntnissen über das gemischt besiedelte Mitteleuropa.

Typische Beispiele dafür sind Schlesien oder Siebenbürgen.

Letzteres war in der Geschichte immer ein Land dreier Völker: Rumänen, Ungarn und Deutsche prägten sein Gesicht. Deshalb blieb Siebenbürgen für die Nationalisten und Gleichmacher auf allen Seiten stets eine Provokation und hatte aufgrund seiner Vielgestaltigkeit in unserem zur Nivellierung neigenden Jahrhundert besonders viel zu leiden. Wie gern hätten die selbsternannten Staatsmänner des Westens – von den Vätern des unseligen Vertrages von Trianon bis zu den ständig herumreisenden Außenministern unserer Tage – das Problem Siebenbürgen einfach durch Grenzziehungen erledigt. Daß dies nicht möglich war, liegt nicht nur an der Eigenwilligkeit dieses historischen Landes, sondern auch an der Tatsache, daß die Siedlungsräume der einzelnen Nationalitäten kompliziert ineinander verzahnt sind.

Nunmehr gibt es eine Ideologie, die vor allem im Bonner Auswärtigen Amt viele Anhänger hat, daß man das, was die gewaltsamen Vertreibungen nach dem Zweiten Weltkrieg zumindest nicht völlig bewirkt haben – nämlich »klare nationale Verhältnisse« zu erreichen – nunmehr durch »freiwillige« Aussiedlung schaffen könnte. Sicher: Wer es in seiner angestammten Heimat nicht mehr aushält, hat ein Recht auf Solidarität. Deutsche aus den alten Siedlungsgebieten im Osten und Südosten, die den Druck nicht mehr ertragen können, haben den moralischen Anspruch, in Deutschland Aufnahme zu finden. Niemand sollte dies kritisieren oder abwerten, wie dies gewisse Kräfte versuchen. Trotzdem bleibt festzuhalten, daß jeder Deutsche, der sein traditionelles Siedlungsgebiet verläßt, einen unwiederbringlichen Verlust für die Vielfalt Europas bedeutet.

Abgesehen davon bringt auch die gezielte Massenauswanderung keine Lösung des Nationalitätenproblems. Siebenbürger Sachsen oder Banater Schwaben, die alt und schwach sind, Rumänen geheiratet haben oder einfach in ihrer angestammten Heimat bleiben wollen, sorgen weiterhin dafür, daß es in Siebenbürgen oder im Banat Verpflichtungen für die deutsche Politik gibt. Stärker noch fallen natürlich die mehr als zwei Millionen Ungarn dieses Raumes ins Gewicht, die nicht die Möglichkeit haben, wegzugehen, und für die es daher von lebenswichtigem Interesse ist, daß dieser nicht von einem gleichmacherischen Nationalstaat eingeebnet wird. Sie wollen, daß ihre Heimat auch künftig als Region, in der mehrere Völker zusammenleben, anerkannt und gefördert wird. Davon aber ist das heutige Rumänien noch weit entfernt, weshalb Siebenbürgen und das Banat ungeachtet der Tatsache, daß die meisten Deutschen das Land verlassen haben, weiterhin unserer Zuwendung bedürfen.

Dasselbe gilt für Schlesien. Dieses alte Herzogtum war immer eine Brücke zwischen den Völkern. Von Polen feierlich aus dessen Oberherrschaft entlassen, wurde es Teil des Heiligen Römischen Reiches und zählte seit den Tagen Karls IV. zusammen mit Böhmen und Mähren zu den Ländern der Heiligen Wenzelskrone. Als diese endgültig an das Haus Habsburg überging, fand es seine Heimat in diesem übernationalen Zusammenschluß. Auch als Friedrich II. von Preußen Kaiserin Maria Theresia gewaltsam Schlesien entriß – was diese niemals verwand, da sie an diesem Land besonders hing –, blieb ein Teil, nämlich das Gebiet um Troppau und Jägerndorf, bei der böhmischen Krone.

Selbst heute ist Schlesien nicht einfach eine polnische Provinz, wie dies jene gern hätten, die ständig von der Anerkennung der Realitäten sprechen und dabei an der historischen Wirklichkeit genauso vorbeireden wie an der Tatsache, daß Völker und Volksgruppen wichtiger sind als Grenzen. In der jetzt zu Sachsen gehörenden schlesischen Lausitz regt sich das schlesische Bewußtsein kräftig, auch im nunmehr tschechischen Teil, wo Pläne bestehen, Troppau erneut zu einem Mittelpunkt schlesischen Lebens in den böhmischen Ländern zu machen. Dasselbe gilt auch für das heute weitgehend von Polen besiedelte Niederschlesien, wo man sich gegen den Warschauer Zentralismus zu wehren versucht. Trotz vieler Ängste und Nationalismen hat man dort sogar begonnen, an eine grenzüberschreitende Zusammenarbeit zu denken, wobei nicht nur die schlesische Lausitz oder das alte Österreichisch-Schlesien einbezogen werden sollten, sondern auch die deutschen Heimatvertriebenen ein Wort mitzureden hätten, die das Land verlassen mußten, aber unverändert an ihrer Heimat hängen.

Besondere Bedeutung besitzt bei solchen Bemühungen freilich Oberschlesien. Hier ist ein großer Teil der deutschen Bevölkerung trotz der Vertreibungsdekrete und der Aussiedlerwelle, die bis heute anhält, im Land geblieben. Dafür gibt es vor allem zwei Gründe: Man brauchte die fleißigen Oberschlesier im Bergbau wie in der Landwirtschaft, außerdem existierte in gewissen Gebieten ein gemischtes Volkstum oder zumindest eine gewisse Kenntnis der polnischen Sprache, so daß viele deutsche Gemeinden oberflächlich polonisiert wurden, aber im Innersten ihre Identität behielten. Nunmehr wagen sie es wieder, offen zu ihrer Tradition zu stehen und ihre Volksgruppe am Leben zu erhalten, auch wenn viele Kinder durch die staatlichen Zwangsmaßnahmen kaum noch Deutsch sprechen, was sie freilich nicht an ihrem Bekenntnis zum Deutschtum hindert.

Ich habe selbst auf Initiative des Generalsekretärs des Bundes der Vertriebenen, des jungen Hartmut Koschyk, dessen Eltern aus Oberschlesien stammen, das Gebiet um Oppeln herum bereist. Vom deutschen Gottesdienst auf dem einstmals umkämpften Annaberg – der jetzt zu einem Symbol der europäischen Versöhnung werden soll – über Gespräche mit Politikern beider Nationalitäten in Groß-Strehlitz bis hin zu einer Kundgebung mit mehr als zwanzigtausend deutschen Oberschlesiern vor der Ruine des Eichendorff-Schlosses in Lubowitz bei Ratibor zeigte sich Oberschlesien in seiner ganzen Vielfalt. Erfreulich war dabei, daß nach den ersten freien Kommunalwahlen im Jahre 1990 sich in den meisten oberschlesischen Gemeinden der polnische Bürgermeister einen deutschen Stellvertreter gesucht hat oder umgekehrt.

Obwohl die Spannungen groß sind und die Verbitterung über gewisse westliche Politiker, die Schlesien vergessen, wächst, gibt es dennoch durchaus hoffnungsvolle Ansätze. Dabei wird es allerdings auf eine rechtliche Regelung ankommen, die nicht nur aus Lippenbekenntnissen besteht, sondern sich im Alltag auswirkt und über kurz oder lang international einklagbar gemacht werden muß. Es ist ein großer Irrtum zu glauben, das Schicksal von Volksgruppen sei eine innere Angelegenheit des jeweiligen Staates, wie führende polnische oder – im Falle Siebenbürgens und des Banats – rumänische Politiker behaupten. In Europa gibt es keine inneren Angelegenheiten mehr, sondern die allen Europäern gemeinsame moralische Verpflichtung, alle Völker und Volksgruppen gleichermaßen zu fördern und ihnen eine angemessene politische, wirtschaftliche und kulturelle Entfaltung zu garantieren.

Oberschlesien ist nach wie vor bedroht: von der Umweltzerstörung, von der Wirtschaftskrise und vom Nationalismus. Westliche Progressive, deren Herz für jeden indianischen Stamm blutet, tun die berechtigten Wünsche der Oberschlesier als reaktionär ab. Eine gewisse Umkehr deutet sich aber insofern an, als eines ihrer Zentralorgane, eine große, in Hamburg erscheinende Wochenzeitung, einen Bericht über Oberschlesien unter die Überschrift stellte: »Oberschlesien ist deutscher als die Politik erlaubt«.

Natürlich müssen auch die im Lande lebenden Polen in den Aufbau einer künftigen europäischen Modellregion integriert werden. Oberschlesien könnte auf diese Weise zumindest das Südtirol des Ostens werden, wenn die Politik dies nicht wieder durch Unkenntnis oder bösen Willen hintertreibt. Bei meiner Diskussion im Rathaus von Groß-Strehlitz stellte ich fest, daß auch die polnischen Bürgermeister der Wojewodschaft Oppeln durchaus Interesse an einer Autonomie bekundeten, weil sie für die Sanierung des kranken Landes dringend jene Gelder benötigen, die im zentralistischen Wasserkopf in Warschau versickern.

Allen Pessimisten zum Trotz: Siebenbürgen, das Banat sowie das mehrfach geteilte Schlesien könnten also – wenn die Beteiligten nur wollen – vom gefährlichen Zankapfel zum Vorbild für das künftige Europa werden.

WIEDERGEBURT DES BALKAN?

Seit meiner Wahl ins Europäische Parlament 1979 bin ich dort in manchen Sturm geraten. Es ist fast unausweichlich, Ärger zu verursachen oder jemanden gegen sich aufzubringen, wenn man sich selbst treu bleiben will, ob dies den anderen paßt oder nicht. Ein solches Beispiel war die Empörung vieler griechischer Kollegen, als ich in einer Rede das junge Volk der Mazedonier erwähnte, das im Südosten Jugoslawiens über eine eigene Republik verfügt, aber auch in Griechenland oder Bulgarien lebt. Spätestens seit den Balkankriegen sind diese Menschen zum Zankapfel geworden, haben sich aber dennoch ihre Eigenart bewahrt und weiterentwickelt. Da die Griechen in der mazedonischen Frage immer ein empfindliches Grenzproblem sahen, war es in gewisser Weise verständlich, daß sie im Europa-Parlament auf meine entsprechende Rede – die die Nationalität nur nannte und keine Forderungen stellte – so heftig reagierten. Unbegreiflich war hingegen, daß auch mehrere deutsche Kollegen zu mir kamen und meinten, sie hätten zwar nichts gegen die Existenz der Mazedonier, ich sollte aber um des lieben Friedens willen von meiner Äußerung abrücken. Daß ich dies nicht tat, löste Kopfschütteln aus.

Trotz einer solchen Vogel-Strauß-Haltung bei vielen Verantwortlichen in der Europäischen Gemeinschaft läßt sich aber nicht wegdiskutieren, daß wir so etwas wie eine Wiedergeburt des Balkan in der unangenehmen Bedeutung dieses Wortes erleben könnten. Natürlich gibt es auch bulgarische, serbische, montenegrinische, mazedonische, albanische oder rumänische Europäer und Demokraten, die das unter allen Umständen vermeiden wollen und eine Neuorientierung dieser alten Krisenregion anstreben – wofür vor allem die tapfere antikommunistische Bewegung in Bulgarien arbeitet. Doch auch in Rumänien hat man zwar meist nur vom rumänisch-ungarischen Gegensatz in Siebenbürgen und im Banat gesprochen, nicht aber davon, daß der Sturz Nicolae Ceausescus die positiven Kräfte aller Nationalitäten einander näher gebracht hat. Der Held von Temesvar, der mit seiner Opposition gegen die kommunistische Obrigkeit den Aufstand gegen den Ceausescu-Clan entfesselt hat, der reformierte Pfarrer und heutige Bischof Laszlo Tökes, ist zwar ungarischer Nationalität. Aber es bleibt eine Tatsache, daß sich sofort zahlreiche Rumänen mit ihm solidarisiert haben und so der Funke auf das ganze Land – oder zumindest weite Teile – übersprang. Das könnte ein Hoffnungszeichen für die Zukunft sein.

Bis dahin ist aber noch mit einigen Wirren zu rechnen, wobei typisch balkanische Phänomene meist nur die Oberfläche bilden, hinter der sich geschickte kommunistische Kräfte verbergen, die das Chaos für ihre Herrschaftspläne zu nutzen wissen. Ein Beispiel dafür war nach dem Ende der Ceausescus der neue rumänische Herrscher Iliescu.

Dieser ist 1930 geboren, Sohn eines kommunistischen Eisenbahnarbeiters. Schon 1944 ist er der Kommunistischen Jugend beigetreten und war bereits 1948 Führer der Rumänischen Kommunistischen Mittelschulstudenten. Dann ging er nach Moskau, wo er Generalsekretär des Verbandes Rumänischer Studenten in der Sowjetunion wurde. Von dort wechselte er zurück und wurde Präsident des Kommunistischen Verbandes der Universitätsstudenten Rumäniens. In dieser Funktion, die er von 1956 bis 1959 bekleidete, hatte er einen führenden Anteil an der Verfolgung jener Studenten, die ihre Sympathie für den ungarischen Volksaufstand bekundeten.

Nach 1959 war er acht Jahre in der Abteilung für Fragen der Ideologie und Propaganda tätig. 1965, also nur 35 Jahre alt, wurde er Mitglied des Zentralkomitees der Partei. Ceausescu ernannte ihn kurz darauf zum Minister für Jugendangelegenheiten. In dieser Aufgabe war er der Erfinder des widerlichen Personenkultes für Ceausescu. Er organisierte als erster para-religiöse Feiern zu Ceausescus Ehren. Schon damals sprach man von ihm als von einem denkbaren Nachfolger für den Tyrannen. Als dann Iliescu von diesem Posten zurücktrat, war sein Nachfolger Nico Ceausescu, der Sohn des Diktators.

1971 wurde Iliescu Generalsekretär für ideologische Fragen im Zentralkomitee der KP Rumäniens. Damit erreichte er einen Höhepunkt, der von einem Abstieg gefolgt war. Nach kurzer Zeit in der Provinz wurde er allerdings schon drei Jahre später, 1974, wieder als Kandidat für das Politische Exekutivkomitee der Partei benannt. Damals ist aufgefallen, daß er intime persönliche Beziehungen zu Ceausescu unterhielt. Oppositionelle Kreise in Bukarest zeigen Bilder von den Wochenendaufenthalten Iliescus auf dem Landsitz der Ceausescus.

Bis 1984 verblieb Iliescu als Mitglied des Zentralkomitees im Parlament und im Präsidium. In dieser Funktion baute er einen starken persönlichen Anhang in der Parteistruktur und der Securitate auf, der ihm später bei der Revolution im Dezember 1990 nützlich war.

1985 mußte Iliescu das Zentralkomitee verlassen, erhielt aber dafür eine wohlbestallte Pfründe als Direktor des Technischen Verlages von Bukarest. In dieser Stellung blieb er unangefochten durch fünf Jahre.

Es ist bezeichnend, daß Iliescu auch während des Wahlkampfes für die Präsidentschaft niemals seinen Lebenslauf publizieren ließ. Er konnte das auch nicht, denn nichts davon hat sich außerhalb des Dunstkreises um Ceausescu und des Rahmens der Kommunistischen Partei abgespielt. Andererseits hat er, insbesondere gegenüber schlecht informierten ausländischen Journalisten beziehungsweise Politikern, die Tatsache, daß er zwischen 1984 und 1989 aus der Politik in die Wirtschaft überwechselte, als Zeichen des Widerstandes angeführt. In Rumänien konnte er das nicht wagen, denn dort ist der von ihm geleitete Verlag sattsam bekannt als Element der geistigen Kontrolle im Sinne der Machthaber.

Die Karriere dieses Mannes ging somit, wie bei vielen anderen kommunistischen Funktionären, einmal hinauf und einmal hinab; er ist aber stets auf die Butterseite gefallen. Es ist demnach auch keineswegs erstaunlich, daß sich mit ihm in Rumänien zunächst relativ wenig geändert hat. Allerdings ist er klug genug, eine Sprache zu verwenden, die im Ausland gut ankommt.

Dieses läßt sich überhaupt gern täuschen. Meine Tochter Walburga und mein Mitarbeiter Bernd Posselt aus dem Präsidium der Paneuropa-Union waren als offizielle Wahlbeobachter bei den ersten »freien Wahlen« in Bulgarien anwesend. Sie mußten erleben, daß entgegen beschönigenden Berichten im Westen geschwindelt wurde, was das Zeug hielt. Zwar war man dabei geschickter als in Rumänien, wo man so stark manipulierte, daß dies jedem auffiel, und fälschte das Resultat nur um jene Prozent, die nötig waren, um eine knappe Mehrheit zu erringen.

Aber der Tatbestand läßt sich bei genauer Betrachtung der Vorgänge im Juni 1990 nicht leugnen: So wurden Soldaten in eigene, für das Militär bestimmte Wahllokale geführt und ihnen der Kontakt zu ausländischen Journalisten verwehrt. Auf dem Land saßen der Bürgermeister und der Polizeichef den ganzen Tag in der Nähe der Kabinen, und die verängstigte Bevölkerung konnte sich leicht ausrechnen, was ihr blühen würde, sollte sie sich gegen die bisherige Obrigkeit stellen. Die Bulgaren glaubten – ob zu Recht oder zu Unrecht – nicht an die Korrektheit der lokalen Potentaten und stellten sich vor, was ihnen widerfahren würde, wenn sie demnächst um eine Wohnung oder um Brennholz ansuchten.

Hinzu kam, daß den Wählern nicht ein korrekter Wahlzettel vorgelegt wurde, sondern daß mehrere bunte Blätter in den Kabinen gestapelt lagen – für jede Partei eine andere Farbe. Mancherorts fehlten die blauen Zettel der größten Oppositionsgruppe, beziehungsweise sie wurden weggeworfen, und keiner hatte den Mut, wieder herauszukommen und den Wahlleiter um die entsprechenden Papiere zu bitten. Das Wahlgeheimnis war also in Frage gestellt.

In den Zigeunervierteln am Stadtrand von Sofia hatte man für den Urnengang nur wenige Lokale eingerichtet, da man wußte, daß die Zigeuner der Opposition zuneigten. Die Räume waren demzufolge überfüllt, Tausende mußten unverrichteter Dinge wieder nach Hause gehen. Schlimmer als alle diese Faktoren wirkte sich aber die Ungleichheit der Chancen im Wahlkampf aus.

Wenn auch die demokratischen Parteien Bulgariens sofort nach der Wahl gegen die Manipulatoren auf die Straße gingen und auch ihre Mitsprache im Parlament dazu nutzten, die marxistische Vorherrschaft anzutasten, so hatten sie doch zunächst einmal einen Rückschlag erlebt. Dieser war um so schlimmer, als die meisten westlichen Regierungen und Abgeordneten blauäugig oder feige behaupteten, die Abstimmung sei frei gewesen.

Aber dieser momentane Sieg der Marxisten war genausowenig von Dauer, wie es die anderen kommunistischen Diktaturen auf dem Balkan sein werden. Dennoch führen die leninistischen Kader ein zähes Rückzugsgefecht, indem sie die nationalen Spannungen und die ländliche Struktur der Balkanstaaten mit ihren entlegenen und daher leicht zu isolierenden Siedlungen nutzen.

Anders gelagert, aber nicht weniger gravierend sind die Probleme im südjugoslawischen und albanischen Raum. In ihrem eigenen Staat kämpfen die Albaner »nur« um ihre Freiheit, im serbisch besetzten Kosovo aber außerdem um ihre nationale Identität. Viele Montenegriner und die Masse der Mazedonier zittern vor einer Einverleibung in einen künftigen serbischen Nationalstaat, während das serbische Volk selbst wiederum Angst vor Überfremdung hat. Diese ist zwar irrational, hängt aber mit der wechselvollen Geschichte dieses Raumes zusammen.

Dennoch gibt es auch erfreuliche Signale: Die große türkische Volksgruppe in Bulgarien ist vom Schifkoff-Regime und seinen unmittelbaren Erben so unterdrückt worden, daß es zu Ausschreitungen und Fluchtwellen kam. Inzwischen wurde die Bulgarisierung der türkischen Namen wieder zurückgenommen, so daß eine Entspannung zumindest möglich erscheint.

Diese zu fördern, ist eine gesamteuropäische Aufgabe. Der Westen darf den Balkan nicht einfach als »balkanisch« abtun darf, sondern muß seinen Beitrag zur Gesundung Südosteuropas leisten.

Jüdisches Erbe

Ohne den Beitrag der Juden hätten weder unsere mitteleuropäische Kultur noch das christliche Abendland insgesamt entstehen können. Gerade wir Christen verdanken
den Juden sehr viel. Das Alte Testament, also ein wesentlicher Teil unserer Heiligen Schrift, ist das Fundament, auf
dem wir stehen. Der christliche Glaube wurzelt in der
Geschichte des Volkes Israel, das Gott hart prüfte, um es
durch eine feindselige Welt ins Gelobte Land zu führen.
Als ich in meiner frühen Jugend biblische Geschichte
lernte, wunderte ich mich manches Mal. Immer wieder er-
hob sich Israel gegen Moses und seine Gebote. Deshalb
fragte ich mich, weshalb Gott gerade ein so eigenwilliges
Volk auserwählt hatte. Mit der Zeit fand ich die Erklä-
rung, daß nur ein so innerlich unabhängiges Volk die
Chance hatte, schwere Prüfungen zu überstehen. An diese
Überlegungen aus meiner Kindheit mußte ich während der
Tage des Nationalsozialismus oft zurückdenken.
Das mitteleuropäische Judentum durchlebte besonders
finstere Stunden. Es wurde größtenteils durch eine wider-
liche Ideologie vernichtet, die Menschen verfolgte – nur
wegen ihrer Abstammung oder ihres Glaubens. Dennoch
wirkt es in wunderbarer Weise fort.

Anläßlich meines ersten Besuches in Prag, wenige Wochen nach der Beseitigung des kommunistischen Regimes durch die Demonstranten auf den Wenzelsplatz, suchte ich sofort bei meiner Ankunft die herrlichen Synagogen dieser Stadt auf. In nächtlicher Stunde traf ich mit den wenigen Überlebenden dieser einstmals so blühenden jüdischen Gemeinde zusammen – dies war einer jener tiefen Eindrücke, die ich niemals vergessen werde.

Man sah den Sitz des großen Rabbi Löw und rings umher all jene prachtvollen Zeugnisse einer großen Vergangenheit. Dort lebte die Legende vom Golem weiter und mit ihr die jüdische Erzählkunst, ohne die wir uns die mitteleuropäische Literatur nicht vorstellen können. Und inmitten dieser Schönheit standen – scheinbar verloren und doch unbeugsam – die wenigen Prager Juden, die die Katastrophe überlebt hatten.

Der eine erzählte von seinen Jahren in Wien. Der andere sprach fließend Ungarisch, da er sich in Budapest mit jüdischer Theologie befaßt hatte. Der dritte berichtete, daß sein Onkel die Hebräische Universität in Jerusalem mitbegründet habe. Plötzlich wurde die integrierende Kraft wieder lebendig, die das mitteleuropäische Judentum seit jeher ausgezeichnet hat.

Für mich als Mitglied des Hauses Habsburg hatte die Solidarität mit meinen jüdischen Landsleuten immer tiefe Wurzeln. Diese war nicht nur die Folge unseres gemeinsamen Kampfes zwischen 1933 und 1938, als wir versuchten, Österreich gegen die aggressiven Pläne Hitlers zu verteidigen, sondern auch unserer Anstrengungen, das Land auf die Europakarte zurückzubringen, was den britischen Außenminister Anthony Eden zur zynischen Bemerkung veranlaßte: »Was ist schon Österreich? Fünf Habsburger und hundert Juden.«

Doch die Verbindungen zwischen den Juden und uns sind älter und tiefer als das. Juden spielten in der Geschichte meiner Familie immer eine große Rolle. Auf der mütterlichen Seite geht dies zurück zum Königreich der drei Religionen im spanischen Toledo, wo Juden, Christen und Mohammedaner friedlich zusammenlebten. Später halfen jüdische Persönlichkeiten Kaiser Karl V., sein großes Reich zu schaffen und zu verwalten, in dem die Sonne niemals unterging.

Näher an uns entsinnen wir uns der Zeiten Kaiser Franz Josephs, denn Juden spielten in der zweiten Hälfte des neunzehnten Jahrhunderts und in den ersten Jahren des zwanzigsten eine entscheidende Rolle in Österreich-Ungarn. Mein Vater, Kaiser Karl, ernannte in den zwei Jahren, in denen er seine Funktion als Kaiser von Österreich und König von Ungarn ausüben konnte, einen tiefreligiösen Juden, Vilmos Vazsonyi, zum Mitglied seines ungarischen Kabinetts. In jener Zeit war es in Ungarn üblich, auf die Heilige Schrift, also auf das Alte und das Neue Testament, den Amtseid abzulegen. Vazsonyi lehnte dies wegen seiner Glaubensüberzeugung ab und bat, seinen Eid auf die heiligen Bücher des Judentums leisten zu dürfen. Mein Vater kommentierte diese Haltung mit den Worten, daß ein Mann, der so treu zu seiner Religion stehe und nicht auf die Karriere achte, um seinen Werten treu zu bleiben, mehr als jeder andere geeignet sei, einen echten Vertrauensposten zu übernehmen.

Vazsonyis Wunsch wurde erfüllt, und er erwies sich, wie erwartet, als einer der treuesten Mitarbeiter Kaiser Karls in einer Zeit, in der sich viele andere gegen meinen Vater wandten, weil sie sich von anderer Seite mehr persönliche Vorteile erhofften, nachdem sie zuvor von der Gunst des Monarchen profitiert hatten.

Juden spielten auch in der österreichisch-ungarischen Armee eine entscheidende Rolle. Ihr Patriotismus war so stark, daß mir bei einer Ehrung durch die Hebräische Universität Jerusalem der Laudator in seiner Ansprache versicherte, auch Israel sei ein Nachfolgestaat der k.u.k. Monarchie.

Die antisemitische Propaganda versuchte immer wieder, die Juden als Verräter abzustempeln. Dabei war der erste österreichisch-ungarische Gefallene des Ersten Weltkrieges ein Jude aus Kolomea namens Jakob Dukatenzähler. Bezeichnend ist, daß keine Bevölkerungsgruppe prozentual so oft mit der höchsten Auszeichnung der k.u.k. Armee, dem Maria-Theresien-Orden, ausgezeichnet wurde wie die Juden im Ersten Weltkrieg. Das wollten ihre Feinde zwei Jahrzehnte später natürlich nicht mehr wahrhaben.

Bekannter ist zweifellos der jüdische Einfluß auf unsere Literatur. Ich habe Joseph Roth – ebenso wie Franz Werfel – persönlich gekannt und mit ihm in den Tagen unserer Pariser Emigration eng zusammengearbeitet, nachdem Hitler Österreich besetzt hatte. Seine sprachlich brillanten Werke gehören zu den wertvollsten und schönsten geistigen Denkmälern, die dem alten Reich errichtet wurden. Während Joseph Roth in der Erinnerung weiterlebt, wird Uriel Birnbaum meist vergessen, ein großer Mann, der zu den besten Dichtern des 20. Jahrhunderts gehörte.

Nicht nur in Wien, sondern auch in Prag oder Czernowitz

pflegten jüdische Literaten das schönste Deutsch. Nach einem Vortrag vor dem Bürgerforum in Prag hatte mich eine Gruppe ausländischer Besucher in ein Gespräch verwickelt – auf Englisch. Plötzlich näherte sich von der Seite ein jüdischer Schriftsteller der Nachkriegsgeneration und meinte: »Reden Sie doch Deutsch! Die deutsche Sprache hat in Prag Heimatrecht.«

Aber auch eine der größten politischen Leistungen des alten Österreich, der Mährische Ausgleich zwischen Deutschen und Tschechen im Brünn des Jahres 1905, ging auf die Initiative eines jüdischen Mitgliedes im Mährischen Landtag zurück. Die Juden waren eben, wie das Heilige Römische Reich und die Österreichisch-Ungarische Monarchie, übernational eingestellt. Natürlich hat es in der Geschichte des Reiches immer wieder Konflikte und auch Verfolgungen gegeben, vor allem in Zeiten religiöser Verhärtungen und Streitigkeiten. Doch spätestens seit Joseph II. erfüllte das mitteleuropäische Judentum zunehmend seine völkerverbindende Funktion, bis es – wie auch sein Vaterland – dem nationalistischen Ungeist zum Opfer fiel.

Das Erbe der Juden Europas verpflichtet uns, gleich, welcher Konfession wir angehören. Diese Aufgabe weist weit über Mitteleuropa hinaus. Bei der Errichtung einer neuen Weltordnung nach dem Zusammenbruch des Systems von Jalta sind die drei »Religionen des Buches«, Christentum, Judentum und Islam, zur Zusammenarbeit verurteilt. Nur gemeinsam können sie den atheistischen Materialismus und seine nationalistischen Ableger bezwingen. Nach den Katastrophen unseres Jahrhunderts erhalten wir noch einmal eine Chance. Sie zu nutzen, gebietet der Glaube an den einen gemeinsamen Gott.

MITTELEUROPA AN DER OSTSEE

Die Völker im Baltikum legen größten Wert auf die Tatsache, daß sie zu Mitteleuropa gehören. Dies erregt angesichts ihrer geographischen Lage im Nordosten manchmal Erstaunen. Doch geschichtlich gesehen kann daran kein Zweifel bestehen. Die geistige und politische Orientierung des mittelalterlichen litauisch-polnischen Reiches war eindeutig in Anlehnung an das Heilige Römische Reich entwickelt worden.

Von den Zeiten des Deutschen Ordens und der Hanse – die an der Ostsee ihre Blüte fanden – bis hin zur engen Zusammenarbeit der Baltischen Republiken in der Zwischenkriegszeit mit Graf Coudenhove-Kalergi riß die Verbindung Estlands, Lettlands und Litauens zum österreichischen und deutschen Raum wie zur Europa-Idee niemals ab. Auch mit Ungarn, Tschechen, Kroaten, Slowaken und Slowenen entstand manchmal ein noch intensiverer kultureller Austausch als mit dem benachbarten Polen, zu dem sich im Zeitalter des Nationalismus verschiedene Konfliktsituationen ergaben.

Nicht zuletzt konfessionell waren die baltischen Völker stets im Abendland verankert. Neben den Katholiken – vor allem in Litauen, aber auch darüber hinaus – hatten besonders die Protestanten unter den Esten und Letten ein Geistesleben, das von der russischen Orthodoxie wesentlich unterschieden war. Die evangelischen Kirchen Deutschlands, des Donauraumes oder der Schweiz sowie ihre kulturellen Einrichtungen wurden von Esten und Letten genauso geistig befruchtet wie umgekehrt. Hinzu kommt, daß auch die Schrift der baltischen Völker immer lateinisch und niemals kyrillisch war.

Um so bedauerlicher ist die Tatsache, daß viele Menschen bei uns nicht mehr jene geschichtlich gewachsene Solidarität mit den baltischen Völkern empfinden, die vor dem Zweiten Weltkrieg und auch in früheren Jahrhunderten selbstverständlich war.

Im Westen glaubt mancher inzwischen, die baltischen Staaten seien eben Teile der Sowjetunion, die nur nach Selbständigkeit streben wie andere Sowjetrepubliken auch. Oftmals hört man daher Stimmen, die diesen Wunsch nach Unabhängigkeit als unrealistisch oder zumindest übertrieben bezeichnen.

Doch haben Estland, Lettland und Litauen 1920 mit der Sowjetunion Verträge unterzeichnet, in denen ihnen Moskau die Selbständigkeit, die Unverletzlichkeit ihres Staatsgebietes und ewigen Frieden zusicherte. Die Besetzung 1940 durch die Rote Armee im Gefolge des Hitler-Stalin-Paktes beziehungsweise Ribbentrop-Molotow-Paktes widersprach also jedem Völkerrecht und wird von den meisten europäischen Staaten bis heute formell nicht anerkannt. Vor allem die USA, Kanada, Großbritannien, Australien und der Vatikan gingen über diese Position vieler Europäer noch hinaus und pflegten mit den baltischen Exilvertretungen formale diplomatische Beziehungen.

Auch das sowjetische Verhalten im Baltikum bewies, daß Moskau seine Kriegsbeute beziehungsweise Vorkriegsbeute weniger als Teil der Föderation ansah denn als Kolonie, die noch hemmungsloser ausgeplündert und geschunden wurde als andere Regionen seines Herrschaftsbereiches. Von 1940 bis heute wurden rund 665000 Esten, Letten und Litauer ermordet, nach Sibirien verschleppt oder aus der angestammten Heimat vertrieben. Was dieser Aderlaß für die kleinen Völker bedeutete, kann man unschwer ermessen. Nachdem die ersten 200000 deportiert waren, sagte Stalin zynisch zum amerikanischen Staatssekretär Byrnes, er plane, durch Vernichtung der intellektuellen Elite den nationalen Begriff auszulöschen.

Die Russifizierungspolitik erzielte beachtliche Erfolge. Vor dem Zweiten Weltkrieg gab es 300000 Russen in den baltischen Staaten, 1970 waren es bereits 1,3 Millionen. In diesem Zeitraum stieg die Zahl der Nichtbalten in Estland von 8 Prozent auf 40 Prozent, in Lettland von 25 Prozent auf 43 Prozent und in Litauen von 16 Prozent auf 20 Prozent. Litauen hatte das Glück, durch seine landwirtschaftliche Struktur und seine katholische Bevölkerung eine höhere Geburtenrate aufzuweisen als die überwiegend evangelischen Esten und Letten. 1940 waren 78 Prozent der Esten Protestanten, 81 Prozent der Litauer katholisch und 10 Prozent evangelisch sowie 55 Prozent der Letten Lutheraner und 24 Prozent Katholiken. Inzwischen verloren diese Glaubensgemeinschaften wegen der harten Religionsverfolgung der letzten Jahrzehnte – vor allem der Klerus wurde nach Sibirien geschafft oder hingerichtet – erheblich an Gewicht. Dennoch ist die religiöse Erneuerung in den baltischen Staaten nunmehr in vollem

Gange, denn bekennende Christen standen an der Spitze der nationalen Freiheitsbewegungen.

Der Kampf der baltischen Völker war schon deshalb besonders eindrucksvoll, weil er vielen aussichtslos erschien. Das Europäische Parlament nahm am 13. Januar 1983 meinen Bericht an, in dem sich die europäische Volksvertretung mit diesem äußersten Vorposten des Abendlandes solidarisch erklärte. Natürlich gab es gegen diesen Beschluß zugunsten der Balten auch heftigen Widerstand von Seiten der selbsternannten Entspannungsapostel, die davor warnten, wegen dieser kleinen Völker Moskau zu verärgern. Ihre Proteste waren manchmal lauter als die der Tyrannen im Kreml.

Sprecher dieser Gruppe war Willy Brandt, der schon zuvor die baltischen Sozialdemokraten aus der Sozialistischen Internationale gedrängt hatte. Er versuchte vergeblich, die Annahme meines Textes zu verhindern, und schied, nachdem ihm das nicht gelungen war, aus dem Europaparlament aus, wobei er äußerte, einer der Gründe für seinen Mandatsverzicht sei die Tatsache gewesen, daß er meinen Anblick nicht mehr habe ertragen können.

Das Dokument untersuchte die Lage im Baltikum anhand der Kriterien des Dekolonisierungs-Unterausschusses der UNO und stellte fest, daß es sich um Kolonien im schlimmsten Sinne des Wortes handelte. Vor allem der ökologisch rücksichtslose Raubbau an wertvollen Rohstoffen wie Ölschiefer und Phosphorit verwandelte weite Gebiete in Mondlandschaften, wobei Moskau das Schicksal der dort lebenden Menschen völlig gleichgültig war. Resignation, Geburtenrückgang und Alkoholismus waren die Reaktion, bis sich endlich die Freiheitsbewegung durchsetzte.

Wenn sich die Esten, Letten und Litauer auch im Zuge der Parlamentswahlen des Jahres 1990 gewisse Freiheitsrechte erkämpft haben, so sind diese immer noch gefährdet, wie zum Beispiel die danach von Gorbatschow gegen Litauen verhängte Blockade zeigte. Daß diese dennoch zu durchbrechen war, bewies allerdings die Paneuropa-Union Österreich, in deren Auftrag mein Sohn Karl und Ulrich Lipp mit einem Hilfskonvoi – nach vielen bürokratischen und diplomatischen Schwierigkeiten – die polnisch-litauische Grenze überwanden, um der dortigen Bevölkerung und besonders den Kindern zu helfen.

Als sie in Vilnius eintrafen, war die Freude über die Tatsache, daß die Verbindungen nach Europa nicht abgerissen waren, noch größer als die Dankbarkeit für die dringend benötigten Lieferungen. Präsident Landsbergis, dem die Paneuropa-Fahne überreicht wurde, sprach bei dieser Gelegenheit weniger von den momentanen Problemen, so drückend diese auch waren, sondern von einer künftigen EG-Mitgliedschaft seines Landes.

Natürlich erscheint dies gegenwärtig noch als Zukunftsmusik. Das Europäertum der Esten, Letten und Litauer wird aber letztlich über die sowjetische Vorherrschaft siegen. Der nächste Schritt von westlicher Seite könnte ein Antrag auf Zulassung der Balten zur KSZE sein. Die direkte Zusammenarbeit zwischen dem Europaparlament und den baltischen Volksvertretungen hat ebenfalls schon begonnen, zunächst auf der Ebene der Baltic Intergroup. Offizielle Kontakte müssen folgen.

Esten, Letten und Litauer hoffen auf uns. Europa wäre ohne jene Völker unvollständig, die mehr als andere für ihr Europäertum gelitten haben.

VERFALLSDATUM

Der Bundeskongreß 1989 der Paneuropa-Jugend Deutschland fand ausgerechnet im Augenblick des Zusammenbruches der Mauer im Berliner Reichstag statt. Der Ort und das Motto »Deutsche Frage – Europäische Antwort« waren schon zwölf Monate vorher festgelegt worden. Da dies niemand glauben konnte, fragte mich ein Journalist am Rande der Tagung, ob wir denn – wie schon beim Paneuropa-Picknick – bewußt und langfristig immer bedeutende Daten gewählt hätten, denn an jenem Tag, dem 4. November, leitete eine Massendemonstration mit einer Million Menschen in Ostberlin die Auflösung des künstlichen Gebildes »DDR« ein. Ich mußte ihm antworten, daß dieses Jahr 1989 derart geschichtlich sei, daß jeder Tag historische Bedeutung habe. Man könne daher überhaupt nicht danebengreifen. So seien der Zeitpunkt des Kongresses und meine Teilnahme an der Ostberliner Demonstration zu erklären.

Doch was waren die objektiven Gründe, daß das rote Imperium sein Verfallsdatum erreichte, wobei das Ende des Prozesses noch nicht abzusehen ist?

Der kataklysmische Zusammenbruch des Systems von Jalta, das am Ende des Zweiten Weltkrieges errichtet wurde, stellt eine gewaltige Wende im Schicksal der Menschheit dar. Es waren nur wenige, die in Kenntnis der Geschichte vorhergesehen haben, was inzwischen geschah oder heute noch geschieht. Das sollte man auch im Auge behalten, wenn man nach den grandiosen Ereignissen dieser Jahre Dank sagen will. Diejenigen, die sich heute als die Helden und Propheten der Entwicklung darstellen, sind es ganz bestimmt nicht. Es ist geradezu schamlos, wie gewisse Menschen sich Monumente für Leistungen errichten, die niemals stattgefunden haben. Daß sie dabei von manchen Medien, vor allem aber von bestimmten Kräften in den öffentlich-rechtlichen Anstalten, mächtig unterstützt werden, ändert nichts an der Wahrheit.

Wer tatsächlich die heutige Entwicklung erfolgreich eingeleitet hat, steht für den sachlichen Betrachter der Geschichte außer Zweifel: Es war an erster Stelle der amerikanische Präsident Ronald Reagan. Als er an die Regierung kam, war die Sowjetunion eine gewaltige Macht, an der man kaum rütteln konnte. Es war Reagan, der die Schwächen im Panzer des Giganten erkannte und diese zielstrebig genutzt hat. Durch sein Programm der Nachrüstung und des SDI, das bei uns von vielen kritisiert wurde, hat er nämlich die Sowjetunion in einen Wettlauf gezwungen, den sie nicht durchhalten konnte. Ohne Reagan hätte es keinen Gorbatschow gegeben. Einem Breschnew wäre eine andere Kalkburg gefolgt. Es war die US-Politik, die die Wandlung in der Sowjetunion einleitete. Sie zwang Moskau, zu erkennen, daß es nicht mehr möglich war, mit dem amerikanischen Tempo mitzuhalten. Man mußte daher alles tun, um mit dem Gegner von einst auszukommen. Dazu kam, daß die Anstrengung Reagans und seiner Amerikaner die Sowjets zwang, endlich den wirtschaftlichen Offenbarungseid zu leisten, der längst den Tatsachen entsprochen hätte. Reagan nötigte den Kreml, seinen Bankrott zuzugeben. So hat uns der damalige amerikanische Präsident Glasnost und Perestrojka geschenkt.

Es ist um so betrüblicher, daß sich so gut wie niemand mehr an den Mann erinnert, dem wir wirklich die großen Ereignisse des Jahres 1989 verdanken. Daß es keine Dankbarkeit in der Politik gibt, ist kein Geheimnis. Daß aber die Undankbarkeit derartige Ausmaße annehmen kann, ist selbst für erfahrene Beobachter erstaunlich. Jeder setzt sich heute einen Lorbeerkranz auf. Da stört eben der Name Reagan. Der Sieg der Freiheit wäre ohne seine acht Jahre im Weißen Haus undenkbar gewesen. Die Tatsache, daß er gegen das Gezeter, Geschimpfe und Geheule vieler Europäer unbeirrt an seinen Entscheidungen festgehalten hat und daß das amerikanische Volk hinter ihm gestanden ist, hat das erreicht, was man im Westen entzückt als Erfolg Gorbatschows pries.

Natürlich hat auch eine Reihe anderer Faktoren eine wesentliche Rolle gespielt. Das sowjetische Imperium wäre schon wesentlich früher zusammengebrochen, da es im Inneren völlig zerrüttet war. Daß die UdSSR dennoch so lange ihre Vorherrschaft über Mittel- und Osteuropa ausüben konnte, ist nicht zuletzt auf das Versagen des Westens in der Ära vor Reagan zurückzuführen. Vor allem in der Periode der sogenannten Entspannungspolitik verlängerte man das Leben der kommunistischen Diktaturen künstlich, indem Tyrannen wie Breschnew, Honecker oder Ceausescu zu international anerkannten Staatsmännern aufgewertet wurden und die marxistische Nomenklatura außerdem überdimensionale Kredite erhielt, die im Nichts versickerten und die notleidende Bevölkerung niemals erreichten. Man kann nur staunen über das Entsetzen und die angebliche Überraschung, die im Westen die sogenannten »Enthüllungen« über das Luxusleben der SED-Funktionäre in Ostberlin auslösten. Davon und von der Zweckentfremdung der westlichen Devisen für private Konten hatte man auch schon seinerzeit gewußt und vergebens davor gewarnt. Gewisse selbsternannte Führer der veröffentlichten Meinung nahmen davon jedoch keine Kenntnis, da es nicht ins Bild eines »Wandels durch Annäherung«, den man damals propagierte, paßte.

Erst Reagan in den USA und Persönlichkeiten wie Margaret Thatcher und Helmut Kohl in Europa trugen durch ihre klare Haltung zur Stärkung des Westens und damit zum Niedergang der kommunistischen Einparteienherrschaften bei.

Die objektiven Faktoren, die ihnen dabei entgegenkamen, waren vor allem die Tapferkeit der versklavten Völker, die wirtschaftliche Auswegslosigkeit der marxistischen Systeme, die modernen Kommunikationstechnologien und die nationale Entwicklung in der UdSSR. In der Sowjetunion wurden die kolonisierten Völker immer stärker, das russische Volk hingegen, in dessen Namen man die Kolonialherrschaft ausübte, immer schwächer – wovon im nächsten Kapitel die Rede sein soll.

Die Tapferkeit der von Moskau beherrschten Völker war beispiellos. Dies hatte sich in Polen, aber auch am 17. Juni 1953 in der sowjetischen Besatzungszone Deutschlands, im Oktober 1956 beim ungarischen Volksaufstand und im

»Prager Frühling« des Jahres 1968 erwiesen. Doch während diese Versuche, den Kommunismus abzuschütteln, scheiterten, weil sie im wesentlichen nur jeweils in einem Land stattfanden, wurde die Bewegung in den achtziger Jahren unwiderstehlich, da sie die Grenzen übersprang und alle Völker erfaßte. Besondere Katalysatoren waren die Solidarnosc-Bewegung in Polen und die verlustreiche, ungemein tapfere Revolution des afghanischen Volkes, das – von der westlichen Welt unter der Führung des unglückseligen Jimmy Carter alleingelassen – einen scheinbar aussichtslosen Freiheitskampf gegen die sowjetischen Invasionstruppen begann. Gerade die Bedeutung Afghanistans bei der Überwindung auch der mitteleuropäischen Diktaturen ist nicht zu unterschätzen. Was auf dem Dach der Welt geschah, hatte auf die Rote Armee jene Auswirkung wie Vietnam auf die Amerikaner. Den sowjetischen Soldaten wurde der Mythos der Unbesiegbarkeit genommen, und das noch dazu von einem angeblich primitiven Volk.

Die wirtschaftliche Ausweglosigkeit des kommunistischen Systems wiederum veranlaßte sogar die klügeren unter den KP-Funktionären in Mittel- und Osteuropa, über seine Abschaffung nachzudenken. Marxismus und Produktivität schließen einander eben aus, der Sozialismus ist nicht reformierbar. Jahrzehntelang hatten die Sowjetunion, ihre Satellitenstaaten und der von Moskau kontrollierte Rat für Gegenseitige Wirtschaftshilfe (RGW) die Europäische Gemeinschaft ignoriert und diplomatisch nicht anerkannt. Unter dem Druck der ökonomischen Zwänge – die EG wurde wirtschaftlich immer stärker und erhielt gleichzeitig die Zuständigkeit für Außenhandel anstelle der Mitgliedstaaten – begann der damalige Ostblock Mitte der achtziger Jahre mit Straßburg und Brüssel in Kontakt zu treten. Die ersten angeblich privaten Delegationen verhielten sich überraschend. Offiziell verbreiteten sie die übliche Propaganda und blieben starr; im persönlichen Gespräch gaben sie rasch zu, daß die Planwirtschaft keine Zukunft habe und daher ein Systemwandel vonnöten sei. Natürlich, die verkalkten Gestalten an der Spitze der damaligen sowjetischen Satellitenstaaten waren zu solchen Erkenntnissen nicht mehr fähig. Ich erinnere mich noch eines Besuches des Präsidenten der seinerzeitigen »DDR«-Volkskammer, Horst Sindermann. Dieser kam zum Europaparlament und hinterließ einen denkbar ungünstigen Eindruck. Als ihn etwa die luxemburgische Europaabgeordnete Marcelle Lentz-Cornette zum Abriß der Mauer aufforderte, rief er erregt: »Das tun wir erst dann, wenn auch Sie in Luxemburg ein wichtiges Gebäude abreißen!« Auf die Frage eines deutschen Parlamentariers nach dem Schießbefehl meinte er: »Wie heißen Sie – wenn Sie zu uns kommen, werden Sie erschossen!«, wobei niemand herausfand, ob es sich hier um einen schlechten Witz oder um eine makabre Drohung handelte.

Typisch war auch die Eröffnung der Verhandlungsrunde. Mein Kollege Philipp von Bismarck und ich hatten Sindermann je eine Frage gestellt, Philipp von Bismarck höflich, ich hingegen sehr hart. Sindermann, der schwerhörig war, fragte den neben ihm sitzenden Geheimpolizisten:»Wer waren die beiden Fragesteller?«. Dieser antwortete:»Der eine Otto von Habsburg, der andere Philipp von Bismarck«. Darauf flüsterte der taube Sindermann, so daß es im Saal jeder hören konnte: »Dem Habsburg werde ich antworten, dem Bismarck nicht. Denn ich bin Sachse, und 1866 standen wir auf der Seite der Habsburger und nicht auf der Seite der Bismarcks«. Ein Journalist hat diesen Auftritt zu Recht als »DDR-Geisterstunde« bezeichnet.

Ähnlich verlief das erste Gespräch mit einer Delegation des – damals noch kommunistischen – tschecho-slowakischen Bundesparlamentes. Die Funktionäre wollten natürlich nur über Wirtschaft und Kredite reden. Wir hingegen bestanden auf den Themen Menschenrechte und Religionsfreiheit. Auf die Frage nach den damals noch verwaisten Diözesen in Böhmen und Mähren – die Kommunisten blockierten die Ernennung von Bischöfen – reagierte der sogenannte Kirchenexperte unter den kommunistischen Scheinparlamentariern, indem er treuherzig versicherte: »Wir haben deshalb kaum noch Bischöfe, weil sie alt waren, und da sind sie halt gestorben.« Solange solche Gestalten an der Spitze der Länder Mittel- und Osteuropas standen, waren Verhandlungen weitgehend wirkungslos. Aber interessant, weil eben – wie eingangs dargestellt – die mitreisenden jüngeren Experten schon vor der Revolution des Jahres 1989 eindeutig versicherten, daß ein grundlegender Wandel unumgänglich sei.

In der Tat: In einer Zeit, in der im Westen jedes Kind mit einem Computer spielt und jede Nachricht von einem Unternehmen ins andere in Sekundenschnelle per Telefax übermittelt werden kann, hatten Regime keine Überlebenschance, die aus Angst davor, daß die eigenen Bürger miteinander unbeschränkt in Kontakt treten können, nicht einmal mechanische Schreibmaschinen oder ausreichend Telephonapparate genehmigen wollten. Die Erfindung des Satellitenfernsehens – mit den jederzeit durch den

Eisernen Vorhang schmuggelbaren Parabolantennen und Videorecordern – tat ein übriges. Die Oppositionsgruppen verfügten bald über jene technischen Mittel, die die regierende Nomenklatura der eigenen Wirtschaft vorenthielt. So waren die, die gegen die Tyrannei kämpften, besser ausgestattet als deren vermeintliche Stützen.

RUSSLAND ODER SOWJETUNION?

Der wichtigste Grund für den Wandel in Mitteleuropa war
außer den genannten Faktoren – wie bereits kurz dargelegt
– die innere Krise der UdSSR. Das Ende der Sowjetunion
– selbst wenn sie sich einen neuen Namen zulegen sollte –
wird immer wahrscheinlicher, mit allen Unsicherheiten,
die das nach sich zieht.

Eines der wesentlichsten Probleme sowjetischer Politik
liegt darin, daß die UdSSR heute, im Zeitalter der weltweiten Dekolonisierung, das letzte große Kolonialreich auf
Erden ist. Das haben viele westliche Politiker übersehen
und begehen diesen Fehler erstaunlicherweise weiterhin.

So war es zum Beispiel sehr bedenklich, als eine bei vielen
sehr angesehene Persönlichkeit wie der deutsche Bundes-
präsident Richard von Weizsäcker in einer Rede zum
Berliner Katholikentag 1990 über die Beziehungen Europas zur Sowjetunion sinngemäß davon sprach, daß die
Europäische Gemeinschaft bei ihrer Erweiterung auch
eine Einbeziehung der UdSSR ins Auge fassen sollte. Er
warnte davor, daß, nachdem die Berliner Mauer gefallen
sei, nunmehr eine »Mauer am Bug« aufgerichtet werde.

Letztere Bemerkung kann bei Unwissenden zu Fehlurtei-
len führen. Die Wahrheit ist doch, daß der freie Westen

nirgendwo Mauern an seiner Ostgrenze gebaut hat. Vom Mittelmeer bis nördlich des Polarkreises gab es Stacheldrahtzäune, aber kein einziger von diesen war von einem demokratischen Staat errichtet worden. Sie sollten ausnahmslos Untertanen der sogenannten Volksdemokratien daran hindern, sich nach Westen abzusetzen. Und was gar die Berliner Mauer betrifft, haben Honecker und seine Genossen immer klar gesagt, daß sie auf dieses Werk, das sie geschaffen hatten, stolz seien – eine skandalöse Äußerung, der aber viele linke Politiker im Westen niemals widersprochen haben. Sie zeigten stets Verständnis für die Unterdrücker, solange sich diese zum Sozialismus bekannten und keine zu offensichtlichen Morde begingen – wozu bezeichnenderweise Honeckers Schießbefehl nicht zählte.

Weit gefährlicher als diese Verfälschung der Zusammenhänge ist allerdings die Gleichsetzung der Begriffe »Rußland« und »Sowjetunion«. Das erinnert an die Zeit, als nur zu viele alliierte Politiker Deutschland und das Hitlerreich vermischten, mit den fatalen Folgen von Jalta.

Deshalb spricht ein Moskauer Politiker wie Boris Jelzin in seinen Reden so gut wie niemals von der Sowjetunion, sondern immer nur von »Rußland«. Die beiden Begriffe sind beileibe nicht deckungsgleich. Die Sowjetunion ist die kommunistische Version des imperialen, großen Kolonialreiches, das in den letzten dreihundert Jahren, zuerst vom Zarismus und später von den roten Alleinherrschern, geschaffen wurde. Rußland demgegenüber übt wohl die Hegemonie aus, ist aber ein nationaler Begriff, der sich zwangsläufig über kurz oder lang von demjenigen der Sowjetunion trennen wird. Das gleiche, wenn auch in wesentlich zivilisierteren Formen, ist eingetreten, als durch die Mitgliedschaft Großbritanniens in der EG das »British Empire« oder »Commonwealth« an Bedeutung verlor. Ähnliches geschah auch bei Frankreich.

Von seiten der Europäischen Gemeinschaft wird es durchaus Verständnis dafür geben, wenn einmal ein vollkommen dekolonisiertes, demokratisches Rußland als europäischer Staat anerkannt werden will. Die Russen sind ein christliches Volk. Sie haben viel von unserer westlichen Kultur mitbekommen. Sie haben aber auch ihrerseits in Literatur, Musik, Architektur sowie in Wissenschaft und Technologie zu unserem Erbe beigetragen.

Zu Beginn unseres Jahrhunderts hatten sie sich wirtschaftlich mächtig entwickelt, und wären sie nicht 1917 unter eine marxistische Herrschaft geraten, würde das Land heute, mit seinen gewaltigen Rohstoffreserven, zu den reichsten Nationen der Welt zählen. Es säße sicher bei den Weltwirtschaftsgipfeln unter den wohlhabenden und führenden Völkern neben den Amerikanern, den Japanern und der Europäischen Gemeinschaft.

Solange es sich aber um die Sowjetunion handelt, wäre es für die Europäer geradezu selbstmörderisch, mit ihr Beziehungen anzuknüpfen, die über die normalen Verbindungen zu fremden »Drittstaaten« hinausgehen. Während Rußland zumindest teilweise europäischen Charakter besitzt, kann man das gleiche von der Sowjetunion auf keinen Fall behaupten.

In der UdSSR sind die Beziehungen zwischen dem Staat und den verschiedenen Nationalitäten, die offensichtlich diesem nicht angehören wollen, völlig zerrüttet. Man kann im Schnitt sagen, daß etwa die Hälfte der Gesamtbevölkerung der Sowjetunion aus unterdrückten Nationen besteht, die auf die Verwirklichung ihres Selbstbestimmungsrechtes warten.

Im Gefolge der Ereignisse in den europäischen Staaten, die seit Jalta unter der Hegemonialherrschaft der UdSSR leben mußten und die nunmehr ihre fremden Herren losgeworden sind, hat die Forderung nach Freiheit und Eigenstaatlichkeit die Grenzen hin zur Sowjetunion überschritten.

Für diese Beschleunigung der Entwicklung gibt es eine Reihe von Gründen. Offenbar spielen nunmehr in wachsendem Ausmaß auch Mächte außerhalb der UdSSR eine Rolle. Soweit feststellbar, gibt es momentan drei Kräfte, die große Anziehungskraft auf die von Moskau beherrschten Völker ausüben.

An erster Stelle steht im Fernen Osten die Volksrepublik China, deren politischer Einfluß jenseits ihrer Grenzen schon zu Beginn der derzeitigen Krise sichtbar wurde. Während der Unruhen in Alma Ata erschienen an den Wänden Aufschriften, die China hochleben ließen.

Nicht weniger entscheidend ist all das, was sich um Iran beziehungsweise Afghanistan abspielt. Hier leben Völker in der Sowjetunion, die erst vor relativ kurzer Zeit ihre normalen und natürlichen Verbindungen verloren haben. Teile vom sowjetischen Aserbeidjan zum Beispiel haben bis in die Mitte der zwanziger Jahre zu Iran gehört, heute noch lebt dieses Volk beiderseits der Grenze. Afghanistan wiederum verdankt seine Wirkung vor allem dem bereits geschilderten heldenmütigen Widerstand der Mujahedin gegen die Rote Armee. Da im sowjetischen Zentralasien vielfach dieselben Völker leben wie in Afghanistan, wurden diese durch den Krieg und durch die Niederlage der

Roten Armee stark beeinflußt. Die dortige innere Solidarität mit Afghanistan hat sich in diesen Sowjetrepubliken politisch ausgewirkt. Sie drückt sich nicht zuletzt in dem Gedanken der Schaffung einer großen Föderation zwischen Iran, Afghanistan und den dorthin gravitierenden Völkern der Sowjetunion aus.

Nicht minder bedeutend ist der moralische Einfluß, den die Türkei auf die verschiedenen türkischen Völker der Sowjetunion hat. Zwar strengt sich Ankara mächtig an, nicht in den Konflikt hineingerissen zu werden. Das gelingt aber nur sehr ungenügend, weil die Türkei, ob sie es will oder nicht, eine starke Attraktivität bei diesen Turkvölkern besitzt. Man hat bei uns schon wieder vergessen, daß in den letzten Jahren einzelne sowjetische Teilgebiete den Anschluß an die Türkei forderten. Diese Bewegung wurde zwar mit militärischer Macht niedergeschlagen, sie hat aber die Stimmung in der Bevölkerung eindeutig aufgezeigt.

Bezeichnend ist auch die Wiederauferstehung des Begriffes eines Emirates Buchara. Es wurde mehrfach in den westlichen Medien mit Erstauenen festgestellt, daß es nunmehr nicht nur in Rußland, sondern auch in verschiedenen zentralasiatischen Teilrepubliken der Sowjetunion monarchistische Parteien gibt. Das gilt insbesondere für das frühere Gebiet von Buchara beziehungsweise für Georgien. Das ist durchaus verständlich, denn der Ausdruck der staatlichen Unabhängigkeit war die Monarchie. Daß dieser Gedanke heute gerade in der jüngeren Generation stark um sich greift, erklärt sich aus der historischen Entwicklung.

Bezüglich der Situation in Gebieten, in denen Völker

leben, die in den letzten 300 Jahren dem sowjetischen beziehungsweise russischen Großreich einverleibt wurden, sind die Nachrichten und Kommentare in den lokalen Wochenblättern besonders lehrreich. Schon vor Glasnost, aber noch mehr danach, haben diese Zeitschriften mit erstaunlicher Offenheit über die Lage in der Region geschrieben. Es war schon seit einer Weile, insbesondere seit Ende der stalinistischen Diktatur, offensichtlich, daß das alte Sprichwort aus der Zaren-Zeit – »In der Provinz ist gut leben, denn der Himmel ist hoch und der Zar ist weit« – sich heute auch auf die Sowjetunion anwenden läßt. Je entfernter von Moskau, desto laxer wird die Zensur ausgeübt. Und diese Blätter zeigen eindeutig, wie kritisch die Situation heute bereits ist.

Ein Zentrum der anti-sowjetischen Erhebung ist Uzbekistan, vor allem seit den schweren und blutigen Zwischenfällen im Ferganatal. Dazu kam der Konflikt zwischen Armeniern und Aserbeidjanern, der mächtig dazu beigetragen hat, den nationalen Sinn in beiden Völkern zu beleben.

Nicht minder typisch ist die jüngste Entwicklung in Tuwa, jenem Gebiet des Fernen Ostens, das erst nach dem Zweiten Weltkrieg der Sowjetunion einverleibt wurde. Das reiche und dünn besiedelte Land wurde ab 1945 durch die Moskauer Regierung in der brutalsten Weise ausgebeutet. Insbesondere die ergiebigen Bergwerke beziehungsweise die Industrien, die von diesen abhängen, kamen den Eingeborenen nicht zugute. Praktisch alle führenden Stellen sind in russischen Händen, während die örtliche Bevölkerung, die Tuwas, nur zu den schlechtesten und schmutzigsten Arbeiten herangezogen wurde.

116

Die Arbeitslosigkeit unter den Tuwas übersteigt 30 Prozent. Das hat zu einer sprunghaften Zunahme der Kriminalität beziehungsweise des Rauschgiftkonsums geführt. Das Ergebnis ist, daß die Jugend, die großteils den ganzen Tag herumlungert, weil sie keine Arbeit findet, sich immer mehr zu Banden zusammenschließt und oftmals unter Drogeneinfluß ihre Frustrationen in einem wilden Haß gegen die Russen abreagiert. Früher wurden die Ausschreitungen vor allem durch Einheiten des KGB beziehungsweise durch Fallschirmjäger niedergehalten. Mittlerweile allerdings haben diese Truppen viel an Macht einigebüßt. Es vergeht kaum mehr eine Nacht, wo nicht eines oder mehrere Häuser, in denen Russen wohnen, niedergebrannt werden. In den wichtigsten Städten von Tuwa können sich russisch sprechende Leute nach neun Uhr abends nicht mehr auf den Straßen zeigen. Das Resultat ist eine massive Flucht der Russen. Das hat schon in verschiedenen Gebieten von Tuwa zum Schließen der Betriebe in Ermangelung qualifizierter Arbeiter geführt. Man kann heute in Tuwa von einer echten vorrevolutionären Atmosphäre sprechen, was übrigens auch auf Aserbeidjan oder Uzbekistan, um nur die wichtigsten Staaten zu nennen, zutrifft.

Die Sowjets haben in den vergangenen Jahrzehnten, in den Zeiten Stalins und seiner Nachfolger, alles getan, um das Bewußtsein der einzelnen Nationalitäten auszulöschen und den Menschen das Gefühl zu geben, sie seien Russen. Sie hatten lokal insofern Erfolg, als der Druck auf die Bevölkerung so hart war, daß diese an vielen Orten nachgab. Typisch dafür war Taschkent, das man förmlich als eine der Festungen des russischen Imperiums im zentralasiatischen Raum ansehen konnte. Wenn nunmehr die letzte Volkszählung zeigt, daß die Zahl der Uzbeken in der Bevölkerung von Taschkent auf 43 Prozent angestiegen ist und daß es bei einer weiteren Entwicklung in der gleichen Richtung aller Wahrscheinlichkeit nach bereits 1994 eine uzbekische Mehrheit in der Stadt geben wird, ist das der Beweis dafür, daß eine Anzahl von Menschen, die sich seinerzeit unter Zwang als Russen erklärt hatten, zu ihrer Nationalität zurückfinden.

Übrigens zeigen dies Ergebnisse der Volkszählung auch anderswo. Wenn man sich vor Augen hält, daß die Tadschiken in den zehn Jahren zwischen 1979 und 1989 um 42 Prozent zugenommen haben, ist das nicht etwa auf eine übermenschliche Virilität dieses Volkes zurückzuführen, sondern auf die Reintegration »verlorener Söhne« in die eigene Nation. Teilweise ist das Ausdruck eines neuen Gefühls der Zugehörigkeit nach Jahrzehnten der Diskriminierung, der Menschen der gelben Rasse in der Sowjetunion ausgesetzt waren. Manchmal allerdings dürfte dieser Prozeß auch durch nackte Furcht verursacht sein. Man erkennt, wo die Zukunft liegt, und paßt sich an.

Nicht weniger interessant ist die Feststellung, daß, vor allem in Zentralasien, nunmehr auch junge Russen, die in diesen Gebieten auf die Welt gekommen sind, sich mit der autochthonen Bevölkerung solidarisieren. An den letzten großen Demonstrationen in Taschkent, bei denen die Menge forderte, die Russen sollten dorthin zurückkehren, wo sie hergekommen sind, haben auch jüngere, schon in Asien geborene Weiße teilgenommen. Man kann darüber hinaus in diesen Gegenden einen fühlbaren Rückgang des

Russisch-Unterrichtes feststellen, während das Interesse für die autochthonen Sprachen sprunghaft zunimmt.

Im Laufe der letzten Jahre hat sich die Situation merklich zugespitzt. Selbst Gorbatschow – den man den letzten Sowjetmenschen nennen könnte – gelang es in manchen Reden nicht mehr, seine Sorge zu verbergen. Die Flucht der Russen aus den asiatischen Kolonien hat dazu geführt, daß in mehreren Gebieten, so insbesondere in der großteils von Nicht-Asiaten bewohnten Gegend um Krasnoyarsk, aber auch in Moskau durch den unerwarteten Zustrom ernstliche Unterbringungsprobleme entstanden sind. So sah sich die Regierung gezwungen, in den wichtigsten Gebieten der Sowjetunion Flüchtlingskommissare einzusetzen, deren Aufgabe es ist, sich um die Menschen zu kümmern, die sich im eigenen Lande in die mehrheitlich von Russen bewohnten Gebiete absetzen. Ihr Problem ist allerdings fast unlösbar infolge des elenden Zustandes im Wohnbau und des Chaos in der Verwaltung. Auch die offene Feindschaft gegenüber den Neuankömmlingen schafft wachsende Schwierigkeiten.

Dies ist wieder Wasser auf die Mühlen des russischen Radikalismus. In der Sowjetunion beginnen in letzter Zeit nebst der Organisation »Pamyat«, die man als nationalrevolutionär und sozialistisch bezeichnen könnte und die sich zu einer nicht zu unterschätzenden Bewegung entwickelt, neonazistische Gruppen aufzutreten, die in verschiedenen Städten tätig werden und interessante Charakteristiken aufweisen.

An erster Stelle ist festzustellen, daß die Mehrheit der Aktivisten dieser Bewegungen oder Gruppen aus der Kommunistischen Partei und deren Jugendorganisation, der Komsomol, stammen. Von den verhafteten Neo-Nazis sind fast alle Komsomol-Funktionäre gewesen. Die Organisationen, die zuerst nur in den drei großen europäisch-russischen Städten Moskau, Leningrad und Murmansk aufgetreten sind, erscheinen in letzter Zeit immer virulenter in Sibirien und im Fernen Osten, besonders in den Städten Irkutsk und Komsomolsk na Amure. Kleinere Gruppen sind auch in jenen ländlichen Räumen beobachtet worden, in denen es einen relativ hohen Hundertsatz an autochthoner Bevölkerung gibt.

Die Gruppen haben eine Reihe gemeinsamer Schutzpatrone. An erster Stelle steht hierbei – wie sollte es anders sein – Josef Stalin, neben ihm Adolf Hitler und aus der russischen Geschichte Suvorov. Das Streben ist, das Programm des Nationalismus und des Kommunismus als parallele Richtlinien zu bezeichnen und eine Synthese in zeitgenössischer Form zu erstellen. Mit Abstand am stärksten wird dabei Gewicht auf den Rassismus gelegt. Hitler habe einige gute Ideen gehabt, er sei aber auf einen falschen Weg geraten, als er die Sowjetunion überfiel. Auch habe er infolge übermäßiger Milde sein Programm nicht voll verwirklicht. Insbesondere die Ausrottung »minderwertiger Rassen« sei nicht unerbittlich genug durchgeführt worden. Wäre das, so die Theorie, der Fall gewesen, hätte es schließlich eine Versöhnung zwischen Stalin und dem deutschen Nationalsozialismus in einem neuen Konzept des nationalen Kommunismus gegeben. So aber mußte Hitler verschwinden.

Selbstverständlich stehen für diese üblen Elemente unter den »minderwertigen Rassen« an allererster Stelle die Juden. Es wird aber auch über die Armenier gesprochen beziehungsweise über die nicht-europäischen Minderheiten in Sibirien. Die Ideologie der Herrenrasse ist daher, auch wenn das Wort nicht gebraucht wird, Grundpfeiler dieser neuen Lehre.

Das Bezeichnende und gleichzeitig Alarmierende ist aber, daß in allen Fällen, in denen jetzt wegen Ausschreitungen, insbesondere Schlägereien, Neo-Nazis vor Gericht gestellt wurden, sie mit einer auffallenden Milde behandelt worden sind. Jeweils hat der Staatsanwalt den möglichst ungefährlichsten Paragraphen für seine Anklage ausgewählt. Auch wurde fast immer versucht, den Eindruck zu vermitteln, daß es sich um Lausbubenstreiche und nicht etwa um innere Überzeugung handelt. Dabei hat die Tatsache, daß die Angeklagten mächtige Väter in der Apparatur der Partei haben, eine Rolle gespielt. Klar ist aber auch ferner, daß in den höchsten Sphären des Staates ein Einfluß zu ihren Gunsten oder zumindest Verständnis für sie fühlbar ist. Das gilt insbesondere für Justiz, Polizei und KGB.

Im Lichte dieser offensichtlichen Zurückhaltung der Regierung ist es daher auch nicht erstaunlich, daß sich die kleinen Gruppen immer dreister gebärden. Sie schlagen zu, wo immer es geht. Bezeichnend ist auch, daß, während die örtliche Presse zumindest in einigen Zeilen von den Ereignissen berichtet, alles getan wird, um nicht über die lokale Ebene hinauszukommen. Die großen überregionalen Organe haben diese Phänomene noch nie behandelt. Hier dürfte offensichtlich eine Weisung von oben bestehen, um zu verhindern, daß die Welt von dieser Entwicklung Kenntnis erhalte.

Doch auch diese Extremisten werden nicht verhindern können, daß die sowjetischen Kolonien frei werden. Es war falsch, daß sich die europäischen Regierungen sowie die Vereinigten Staaten durch die Entwicklung in Mittel- und Osteuropa überraschen ließen. Daraus muß man lernen, und unsere Verantwortlichen sollten demnach ein politisches Konzept für das vorhersehbare Ende der UdSSR bereithalten. Wir müssen bereits jetzt Kontakte mit denen herstellen, die morgen in dem derzeit noch sowjetischen Kolonialgebiet regieren werden. Viele asiatische Sowjetrepubliken haben schon ein Außenministerium, mit dem man offiziös sprechen kann. Und auch die europäische Wirtschaft sollte sich einiges überlegen, denn hier werden Gebiete frei, die reich an Rohstoffen, aber arm an industriellen Strukturen sind. Das könnte ein für beide Seiten interessantes Betätigungsfeld schaffen. Chinesen, Koreaner und Japaner haben dies längst erkannt.

Die Sachverständigen, die uns sagen, bereits im Jahre 2000 oder kurz danach werde die Sowjetunion, falls sie dann überhaupt als solche noch besteht, nur mehr ein wenig bedeutender mittlerer Staat sein, könnten durchaus recht behalten. Bis dahin drohen aber noch Explosionen von hoher Sprengkraft, die ein starkes, von der Sowjetunion unabhängiges Europa erfordern.

Man darf die Bedeutung der Tatsache nicht unterschätzen, daß sich mit dem Zerfall des sowjetischen Großreiches auch die Massenzerstörungswaffen, die derzeit in diesem Raume lagern, immer mehr auf andere, neue Staaten verteilen werden. Viele Nuklearbetriebe, die für das Arsenal der Sowjetunion arbeiten, befinden sich im asiatischen und sibirischen Raum. Sie dürften also in die Hände der neuen Herren fallen. Was das bedeuten kann, ist klar: Man hat sich im Westen allzu sehr darauf verlassen, daß der Atomwaffen-Sperrvertrag ein für allemal die Zahl jener Staaten, die Massenzerstörungswaffen besitzen, beschränkt. Der Zerfall der Sowjetunion kann dieser Hoffnung durchaus ein Ende setzen.

Es wäre daher jetzt auch auf diesem Gebiete fürsorglich, daran zu denken, mit den neuen Regierungen Kontakte aufzunehmen, damit es nicht zu einer internationalen Verbreitung der Massenzerstörungswaffen kommt. Denn einer Sache kann man sicher sein: Gaddafi hat bereits an solche Möglichkeiten gedacht, während man sich im Westen noch hauptsächlich damit befaßt, wie man Gorbatschow stützen kann.

Zwar sagen »Quellen im Pentagon« beschwichtigend, die Rote Armee hätte bereits Vorkehrungen getroffen und das wesentlichste Arsenal in rein russische Gebiete verlagert. Nur sind diese Äußerungen mehr als fragwürdig, kennt man die Strukturen und die ungeheuren Schwierigkeiten, die ein solches Umdisponieren verursachen würde. Auch gibt es keinen Beweis für diese Behauptung, ganz abgesehen davon, daß ernstzunehmende nah- und fernöstliche Stellen eine ganz andere Auffassung vertreten.

Diese Perspektive sollte möglichst bald von unseren Verantwortlichen ernstlich geprüft werden. Nichts wäre für die Menschheit schädlicher, als von einem Ereignis überrascht zu werden, dessen Datum wir nicht voraussagen können, das aber offensichtlich auf uns zukommt. In der Politik, das soll man nie vergessen, ist es kein Fehler, wenn gute Nachrichten unerwartet eintreffen; unverzeihlich ist es aber, wenn uns schlechte unvorbereitet finden.

REICH DES BÖSEN

Heute noch klingt uns der laute und zornige Aufschrei in den Ohren, der ertönte, als seinerzeit der amerikanische Präsident Ronald Reagan die kommunistische Supermacht als das »Reich des Bösen« bezeichnete. Er wurde als bigotter Hinterwäldler gebrandmarkt, als ungebildeter Schauspieler, als schießwütiger Cowboy, unfähig, eine realistische Politik zu verfolgen.

Auch viele, die seine Politik sonst verteidigten, rückten von ihm ab. Ich ergriff zwar in verschiedenen Versammlungen und Pressegesprächen seine Partei, dachte mir aber oftmals im stillen, daß er vielleicht doch übertrieben habe. Natürlich wußte man von den grauenhaften Verfolgungen, denen Bürgerrechtler ausgesetzt waren, vom Archipel Gulag und von den Zuchthäusern des Ostens. Wie sehr das sozialistische System aber auch das Leben jedes einzelnen, auch des unpolitischsten Menschen zerstört hatte, davon konnte man sich erst nach dem Fall der Mauer ein Bild machen, als es möglich war, ungehindert den ehemaligen Ostblock zu bereisen. Das war wirklich das Reich des Bösen.

Am schlimmsten war natürlich, daß man die Menschen seelisch gebrochen hat. Die besten wanderten in psychiatrische Kliniken oder in eine KZ-ähnliche Atmosphäre in den Haftanstalten und Arbeitslagern. Doch auch in der Schule, der Universität, in der Armee und im Berufsleben wurde der Mensch systematisch jeder Bereitschaft zur Initiative und jeder Lebensfreude beraubt.

Es ist bezeichnend, daß eben jene westlichen Kreise, die sich vorher mit den Nachrichten über diese Verfolgung wenig befaßt hatten, diese als die Entspannung störend abgetan oder verdrängt hatten, heute denselben Fehler begehen. Sie beschäftigen sich lieber mit dem angeblich beklagenswerten Schicksal abgehalfterter Diktatoren wie Honecker oder Husak, statt jene zu unterstützen, die nach Jahrzehnten der Versklavung und nach Jahren des Leides in Gefängnissen und Bergwerken – in der Tschecho-Slowakei etwa in den erwähnten Uranminen von St.Joachimsthal im Egerland – einer moralischen und materiellen Wiedergutmachung bedürfen, wenn sich so etwas überhaupt wieder gutmachen läßt. Oftmals scheinen gewisse Leute mehr Mitleid mit den gestürzten Bonzen zu haben als mit jenen, die unter deren Knute bluteten.

Nicht die Tatsache, daß ein Honecker oder ein Husak mehrere Autos, ein Bankkonto in der Schweiz, einen Kühlschrank oder einen Farbfernseher besaßen – Güter, die man der übrigen Bevölkerung zum großen Teil vorenthielt –, war deren größtes Verbrechen. Der Schießbefehl an den Stacheldrähten und Minenfeldern sowie die Verfolgung und Bespitzelung innerhalb des roten Imperiums, das ist es, was ihre eigentliche Schuld ausmacht.

Bei Betrachtung dieser Tatsachen sollte man auch nicht vergessen, daß es sich bei all den Grausamkeiten nicht etwa um Machtmißbrauch oder um Entartungen des Systems handelte, sondern um den logischen Ausfluß der marxistischen Ideologie. Sicher, man versucht jetzt, diese Sünden einzelnen Personen oder gar einem einzigen in die Schuhe zu schieben, um die jeweilige kommunistische Partei zu entlasten.

Das entspricht aber lediglich der seinerzeitigen Destalinisierung in der Sowjetunion. Der tote Stalin war plötzlich der Sündenbock, dem alles aufgeladen wurde, was die lebenden Machthaber belastete. Dieses Vorgehen war bequem und außerdem völlig ungefährlich, da Stalin sich nicht mehr wehren konnte.

Natürlich war der Georgier ohne Frage einer der schlimmsten Diktatoren der Menschheitsgeschichte, aber er hatte viele Helfer und Helfershelfer, die ihm willig gedient hatten. Diese aber marschierten plötzlich an der Spitze der Destalinisierer.

Bedauerlicherweise gelang das Manöver. Die westliche Welt vergab ihnen, machte bei dem Schwindel mit, während es weiterhin politische Gefangene, den Archipel Gulag und die bolschewistische Tyrannei gab. Jenseits aller Beschönigungen läßt sich unzweideutig feststellen, daß das System wohl Profiteure kannte, die nicht an die Ideologie glaubten und aus persönlichen Motiven schlimme Sklavenhalter waren. Aber sie wurden bei weitem von jenen übertroffen, die tatsächlich fanatisch an ihrer Lehre festhielten und buchstabengetreu nach dieser handelten.

Das war der Fall bei der teuflischen Dreifaltigkeit des Marxismus Pol Pot, Ceausescu und Kim-Il-Sung. Diese wollten die absolute Gleichheit aller Menschen im Sinne des Karl Marx durchsetzen, was, wie die Geschichte immer wieder bewiesen hat, nicht ohne Terror und Gewalt möglich ist. Die Menschen sind eben von Natur aus unterschiedlich, sie zu nivellieren, bedarf es außerordentlicher Brutalität. So war die Systematisierungspolitik des Nicolae Ceausescu nur die zu Ende gedachte marxistische Lehre. Mit seinem Konzept der Dorfzerstörung wie der Umsiedlung von Menschen aller Volksgruppen Rumäniens – beziehungsweise Siebenbürgens und des Banats – in Mietskasernen mit Gemeinschaftsküchen, Gemeinschaftswaschräumen und Gemeinschaftswohnzimmern für Dutzende oder Hunderte von Familien, erwies er sich als konsequenter Gefolgsmann des Trierers, dem im Westen erstaunlicherweise weite Straßen und Plätze gewidmet sind.

Der Kambodschaner Pol Pot wiederum hatte schon Jahre vor seinem Machtantritt in einer Studie des Marxismus sein späteres Wüten als Chef der Roten Khmer theoretisch dargelegt, was man aber genausowenig gelesen hat wie seinerzeit Hitlers »Mein Kampf«. In Kambodscha mußten mehr als drei Millionen Menschen ihr Leben lassen, weil sie ungleich waren – das bezeichnendste Beispiel war die Ausrottung der Silberschmiede, mit denen die Kenntnis dieses anti-egalitären Kunsthandwerkes getilgt werden sollte.

Auch Kim-Il-Sungs pseudo-religiöser Sozialismus in Nordkorea, den selbst die – von linkskatholischen Kreisen so gefeierte – Schriftstellerin Luise Rinser hymnisch besang, gehört zur schlimmsten kommunistischen Kategorie.

Deshalb ist es um so verwunderlicher, wenn man noch Monate nach dem Sturz Erich Honeckers immer wieder hörte, dieser sei immerhin ein ehrlicher Altkommunist aus den Tagen der Weimarer Republik gewesen. Man stellte ihn als einen – später etwas entgleisten – Sozialpolitiker aus dem saarländischen Wiebelskirchen dar, der die bergmännischen Traditionen hochhalte und nur etwas für die kleinen Leute habe tun wollen.

Abgesehen von Mauer und Schießbefehl: Honecker selbst hat solchen Idealisierungen jede Grundlage geraubt, indem er zum Beispiel systematisch die Baader-Meinhoff-Bande, die Rote-Armee-Fraktion, arabische Extremistengruppen und andere Terroristen unterstützte, die in der Bundesrepublik Deutschland und in der westlichen Welt eine blutige Spur hinterließen. Doch auch diese angeblichen Enthüllungen, unmittelbar nach seinem Sturz, waren in Wirklichkeit keine, denn man hatte all das schon früher gewußt, wenn auch nicht zugegeben, um die »Entspannung« nicht zu gefährden. 1990 konnte man diese Untaten nicht mehr verbergen, entschuldigte sie in gewissen westlichen Magazinen aber augenzwinkernd, indem man davon sprach, Honecker habe sich eben an die revolutionären Ideale seiner Jugend erinnert und daher manches geduldet, was er besser hätte unterbinden sollen.

Abgesehen davon, daß solche Thesen nicht von der erwiesenen und wichtigen Tatsache ausgehen, daß die Sowjetunion und ihre Verbündeten in den letzten zwanzig Jahren wirklich einen Dritten Weltkrieg geplant und geführt haben, der von Spionage und Subversion beziehungsweise Terrorismus geprägt war, vermitteln diese Argumente trotzdem einen Hauch von Wahrheit. Der Terror der Roten-Armee-Fraktion und die kommunistischen Regimes des ehemaligen Ostblocks hatten zweifellos eine gemeinsame ideologische Wurzel und betrieben daher eine wirksame Kumpanei, obwohl die einen auf den Fahndungsplakaten ausgeschrieben waren und die anderen als Staatsgäste willkommen geheißen wurden.

Im »real existierenden Sozialismus« haben nicht nur die Menschen Unvorstellbares erlebt. Auch die Umwelt ist in einem Ausmaß verwüstet, von dem man sich im Westen keinen Begriff macht. Jede Stadt ist in eine Wolke stickiger Gase gehüllt, die Sonne sieht man in Teilen Schlesiens, Böhmens oder Sachsens meist nur durch einen Schleier. In der Nähe von Aussig im Elbtal zum Beispiel verschwindet sie oftmals über Wochen. Die Wälder sind bereits zur Hälfte todkrank. Vom Thüringer Wald und vom Erzgebirge, vom nordböhmischen Iser- und vom Riesengebirge wird immer noch zu wenig gesprochen. Man kann dort stundenlang gehen, ohne einen Halm zu sehen. Überall ragen unbelaubte Stümpfe empor, kein Vogel und kein Insekt wagt sich in diese Zonen des Todes.

Die Fabriken stoßen auch nach der politischen Wende fröhlich ihr Gift aus, denn niemand kann die Umweltgesetze des Westens mit einem Schlag auf den Osten anwenden. Es fehlt nämlich das Kapital – vor allem in Ländern wie Polen, Ungarn oder der Tschecho-Slowakei – von jenen weiter östlich gar nicht zu reden – die diese Probleme zu einem großen Teil aus eigener Kraft lösen sollen, was ihnen aber niemals gelingen kann. Praktisch alle Flüsse, ja sogar die Bäche sind so verschmutzt, daß in ihnen nur noch eine braune, schaumbedeckte Brühe rinnt. Als ich bei einer Vortragsreise durch Oberschlesien, auf dem Weg von Groß-Strehlitz nach Ratibor, bei Cosel die Oder überquerte, schillerte diese giftig grün, rosa und blau; sie bestand aus einem undefinierbaren Gischt.

Nur drei Prozent der Seen in der ehemaligen »DDR« können als noch nicht verseucht bezeichnet werden, manche polnische Flüsse sind in ihrem Oberlauf salziger als die Ostsee, in die sie fließen. Eine Stadt von der Größe Warschaus hat keine Kläranlage. Das Trinkwasser ist dementsprechend. Und was gar die Kernkraftwerke betrifft, sind diese für die Einwohner dieser Länder und genauso für ihre Nachbarn eine ständige Gefahr. Selbst die bescheidenen Sicherheitsmaßnahmen, die nach östlichem Standard vorgeschrieben sind, fehlen oftmals.

Ein besonders typisches Beispiel für das menschenverachtende Element in der sozialistischen Ideologie ist Bitterfeld in Sachsen-Anhalt. Die dortige chemische Industrie war der Stolz der ehemaligen »DDR«. 79 Tonnen giftige Abwässer, 90000 Tonnen Schwefeldioxid, 40000 Tonnen Staub, 13000 Tonnen Stickoxide, 13000 Tonnen Kohlenmonoxid, dazu giftige Chlorgase, Salzsäure, Flußsäure, ferner 15000 Tonnen giftige Lösemittel scheidet das industrielle Ungeheuer am einstmals idyllischen Fluß Mulde Jahr für Jahr aus. 70 Millionen Tonnen giftige Abwässer im Jahr, das sind 2210 Liter pro Sekunde.

Nach der Wiedervereinigung wird selbstverständlich die Wirtschaftskraft des Westens eingesetzt, um diesen Prozeß zu stoppen. Doch bis die Folgen überwunden sind, wird es noch Jahrzehnte dauern, weshalb dieses Thema mit dem Sturz des SED-Regimes bei weitem nicht abgetan ist, abgesehen davon, daß die übrigen Teile des ehemaligen Ostblocks, die nicht über die harte DM verfügen, weiterhin leiden und auch ihre Nachbarn unverändert belasten. Umweltverschmutzung bleibt nicht an nationalen Grenzen stehen, sie ist deshalb eine gesamteuropäische Gemeinschaftsaufgabe.

Die Verschmutzung zerstört auch das architektonische Erbe der ehemals und weiter im Osten immer noch sozialistischen Länder. Dabei kann man feststellen, daß die Vernichtung der Zeugen der Vergangenheit bewußt gefördert wurde. An den herrlichsten Monumenten wurde keine Instandsetzung vorgenommen, außer an den wenigen Orten, wo man den westlichen Besuchern etwas vormachen wollte. Es ist zur Stunde noch unmöglich, genau zu festzustellen, welche Schätze der europäischen Kultur endgültig verloren sind. Bezeichnend jedenfalls, daß an vielen Orten Reparaturen an historischen Bauwerken nicht vorgenommen werden durften, ja sogar nicht einmal die kleinsten Maßnahmen zur Verhinderung der Verwitterung geduldet wurden.

Als infolge bewußter und gezielter Schlamperei die Veste Heldburg an der thüringisch-bayerischen Grenze, »die fränkische Leuchte«, in Brand geriet, wurden die Löscharbeiten von seiten der amtlichen Stellen behindert. Feuerwehren aus Bayern, die sofort zu Hilfe eilen wollten, wurden an der Demarkationslinie aufgehalten, und es wurde ihnen die Weiterfahrt verboten.

Diese Vorgangsweise erinnert ebenfalls an die Politik eines Pol Pot, der alle Gräber dem Erdboden gleichmachen ließ, um den Jungen ihre Vergangenheit zu rauben und auf diese Weise den neuen marxistischen Menschen zu schaffen.

Ähnliches geschah auch unter nationalem Vorzeichen, etwa in den Vertreibungsgebieten. Man entfernte Inschriften in der Sprache der vertriebenen Volksgruppe aus historischen Bauwerken und mißbrauchte den Denkmalschutz, um diesen Monumenten eine neue Ausrichtung zu geben, die sie in der Geschichte niemals besessen hatten. Das Niederwalzen deutscher Friedhöfe in den unter polnische Verwaltung gelangten Ostgebieten oder im Sudetenland sollte die Vertreibung der Lebenden durch die Vertreibung der Toten aus der Überlieferung des jeweiligen Landes ergänzen.

Der »reale Sozialismus« war ein barbarisches System, grausam und unbarmherzig. Er gebärdete sich weit ärger, als man jemals im Westen erfahren hat.

In der ehemaligen »DDR« und im einstigen Ostblock kann man somit nicht umhin, an das »Reich des Bösen« zu denken. Glücklicherweise gehört dieses zumindest in Mitteleuropa der Vergangenheit an, auch wenn man nicht vergessen sollte, daß weiter im Osten und auf dem Balkan sowie weltweit noch viele Millionen Menschen auch weiterhin unter ähnlichen Bedingungen leben müssen. Diese haben ein Recht auf unsere Unterstützung in ihrem Bestreben, frei zu werden. Wenn man sich vor Augen hält, daß noch vor verhältnismäßig kurzer Zeit in alten, zivilisierten europäischen Ländern unvorstellbare Verbrechen an den Menschen verübt werden konnten – etwa in den Gefängnissen und Folterkellern der Stasi – kann man ahnen, was anderswo passiert, und sollte sich an das Gebot der christlichen Solidarität erinnern und danach handeln.

Außerdem gilt es, bei uns die Langzeitschäden dessen zu beheben, was einstmals das Reich des Bösen war.

EIN NEUES WIRTSCHAFTSWUNDER

Trotz der politischen Erfolge in Mittel- und Osteuropa greift nunmehr auf dem Gebiet der Wirtschaft eine eigenartige Welle des Pessimismus um sich. Dies steht im Gegensatz zum positiven neuen Lebensgefühl der Europäer im allgemeinen. Im Westen fürchten sich Unternehmer wie Arbeiter vor den erheblichen Kosten, die der Wiederaufbau im Osten mit sich bringen wird. Die Völker der vormals kommunistischen Staaten wiederum haben kein Vertrauen in die eigene Leistungsfähigkeit und sind von den existentiellen Tagesproblemen überwältigt. Viele Deutsche beiderseits des einstmaligen Eisernen Vorganges sehen – verständlicherweise – nur das eigene Land und vergessen oftmals, daß ganz Mittel- und Osteuropa erneuert werden muß.

Den derzeitigen Pessimismus auf wirtschaftlichen Gebiet kann man vor allem auf zwei Gründe zurückführen. An erster Stelle steht die Furcht der Menschen vor dem Unbekannten. Das Ausmaß des Umbruchs können viele noch nicht fassen. Sie verstehen die Welt nicht mehr.

Noch stärker allerdings fällt eine gezielte Propaganda der Linken ins Gewicht, die alles tut, um Angst zu verbreiten. Die kommunistischen Parteien in Mittel- und Osteuropa,

die das Ende ihrer Herrschaft herannahen sahen, waren –
bevor sie abtraten – geradezu Meister in der Schaffung von
Panik. Sie setzen dies nunmehr in der Opposition fort. Was
hier an Lügen und Verdrehungen verbreitet wird, ist geradezu atemberaubend. Verstärkt wird diese gezielte Propaganda allerdings durch die Haltung westlicher Kreise.
Analysiert man diese Panikmache, wird man darauf kommen, daß alle diese Kräfte durch die Entwicklung im Osten
zutiefst getroffen wurden. Sie hatten bis zum Ende den Sieg
des Sozialismus verkündet und gehofft, dieser würde mit
»menschlichem Antlitz« einen Weg in die Zukunft finden.
Sie sind zutiefst schockiert, daß sich die Menschen, vor allem auch die Arbeiter in Mittel- und Osteuropa, vom Sozialismus abwandten – selbst im einstmals roten Sachsen oder
in den tschechischen Industriegebieten. Ihre Hoffnung,
doch noch in der Welt ein sozialistisches Paradies zu erhalten, ist schon darum verlorengegangen, weil auch in der
Karibik und in Mittelamerika die sozialistischen Systeme
einstürzen und sogar in Schweden die Krise ausbricht.
In diesem Zusammenhang sei eine Begebenheit während
meiner ersten Ungarnreise im Sommer 1988 erwähnt. Ein
westlicher Journalist fragte einen ungarischen Diplomaten, welche Orientierung sein Land in Zukunft besitzen
solle. Dieser meinte: »Natürlich eine christdemokratische
oder konservative, denn Sozialismus kann sich nur ein
reiches Land leisten, und Ungarn ist sehr arm.«
Damals saßen die kommunistischen Regime noch scheinbar fest im Sattel, aber der Mann gab die allgemeine
Stimmung wieder. Heute wissen selbst die eingefleischte-
sten Marxisten, was die Stunde geschlagen hat.
Man darf allerdings die Wirkung der gezielten Panikmache

nicht unterschätzen. Sie kann gesunde Ansätze zerstören. Wenn derzeit noch immer viele Menschen ihre Heimat in Mittel- und Osteuropa verlassen, so ist das nicht zuletzt auf die Propaganda zurückzuführen, die suggeriert, für diese Gebiete bestünde auch langfristig keine Hoffnung.

Andererseits verkündet man, wegen der Belastungen aus dem Osten stehe dem Westen ebenfalls eine Wirtschaftskatastrophe bevor. Dies ist eine kurzsichtige und alberne Auffassung. Die westliche Ökonomie ist heute so weit entwickelt, daß sie den Bedürfnissen unseres weitgehend gesättigten Marktes entspricht. Was nunmehr auf die Demokratien zukommt, ist eine Herausforderung, eine neue Aufgabe: Es gilt die Bedürfnisse eines riesigen Marktes von fast hundert Millionen Menschen zu befriedigen, die einen unvorstellbaren Nachholbedarf an Konsumgütern haben. Sie leben zwar in einem verarmten Gebiet, aber man darf nicht vergessen, daß auch Westeuropa am Ende des Zweiten Weltkrieges arm und verelendet war. Wichtig ist nur die richtige Politik und die Bereitschaft jedes einzelnen, sich einzusetzen.

Wer heute, wie ich, viel in den Ländern Mittel- und Osteuropas – in der ehemaligen »DDR«, in Polen, der Tschecho-Slowakei, Ungarn, Slowenien, Kroatien und Bulgarien – herumgekommen ist und außerdem Erfahrung bezüglich der ersten Nachkriegszeit besitzt, der weiß, daß wir heute in vielen Staaten eine Parallele zum Deutschland der späten vierziger Jahre vorfinden. Natürlich darf man diesen Vergleich nicht überziehen, da große Unterschiede bleiben. Immerhin kann man gewisse gemeinsame Charakteristika feststellen.

An erster Stelle steht der Wille zum politischen Handeln.

Ich habe im Rahmen der Wahlkämpfe nach der Befreiung Mittel- und Osteuropas viel bei Versammlungen gesprochen. Das war sehr anders als im Westen, schon aus dem Grund, da es nur wenige Versammlungslokale gab – zumindest für die nicht kommunistischen oder sozialistischen Parteien. Daher mußten die Kundgebungen im Freien stattfinden. In der nassen und kalten Jahreszeit ist das eine schwere Belastung für die Menschen – und die Monate nach dem November 1989 waren naß und kalt. Trotzdem sind vielerorts Tausende gekommen und haben eine Stunde und mehr bei frostigen Temperaturen ausgehalten. So etwas wäre derzeit im Westen undenkbar.

Das gleiche gilt für das Interesse an gedrucktem Material, sogar an langatmigen Parteiprogrammen. Die Menschen waren sofort nach dem Sturz der Tyrannen entschlossen, sich selbst ein Urteil zu bilden. Dies ist eine gute Voraussetzung für richtige politische Weichenstellungen. Inzwischen hat zwar manche politische Enttäuschung für einen Rückgang des Engagements beziehungsweise der Wahlbeteiligung gesorgt – wie zum Beispiel bei den Kommunalwahlen in Ungarn –, aber die grundsätzlichen positiven Orientierungen durch die Urnengänge des Jahres 1990 wirken fort.

Als im März 1989 zum ersten Mal eine offizielle Delegation des Europa-Parlamentes Budapest besuchte, begleitete uns auch ein prominenter SPD-Europapolitiker. Die Tatsache, daß ich in Ungarn auf so viel Resonanz stieß, verwunderte ihn, denn sie paßte nicht in sein Weltbild. Wie um sich zu trösten, erklärte er, dies alles helfe nichts, von der Ostsee bis zur Adria werde nunmehr eine Zone sozialdemokratischer und reformmarxistischer Staaten be ziehungsweise Regierungen entstehen. Dies hat sich nur zwölf Monate später als grundlegende Täuschung erwiesen, wie eingangs bereits dargelegt. Die Völker Mittel- und Osteuropas wußten eben selbst, was sie wollten, und ließen sich auf ihrem Weg nicht beirren.

Bezeichnend ist auch der Wille zum Unternehmertum. Die Menschen haben die staatliche Bevormundung satt. Sie wollen unabhängig sein. Der Trend zum Mittelstand ist gewaltig. Der Motor der wirtschaftlichen Entwicklung läuft an. Es gibt hier besonders bei den Jungen eine Atmosphäre des Optimismus, die erfrischend an den seinerzeitigen Einsatz der Heimatvertriebenen in Deutschland erinnert. Man bereitet sich auf einen freien Wettbewerb vor und ist entschlossen, seinen Mann zu stehen.

Ein Sonderfall sind die Rentner. Diese wissen, daß sie bei dem neuen Tempo nicht mithalten können. Ihre materiellen Sorgen sind oftmals groß, deren Überwindung unsere wichtigste soziale Aufgabe.

Die positive Einstellung zur Wirtschaft, die Bereitschaft anzupacken, um Unternehmer zu werden, findet man vor allem in Ungarn und in der Tschecho-Slowakei, in Slowenien und Kroatien, etwas weniger ausgeprägt in Polen und Bulgarien. Von Rumänien kann man zur Stunde noch nichts sagen, denn dort haben sich die neuen Kräfte noch nicht durchgesetzt.

Ein großes Interesse findet man überall bezüglich eines einigen Europa. Viele erkennen, daß hier ihre Zukunft liegt und daß insbesondere in wirtschaftspolitischen Fragen der große Binnenmarkt ihnen ähnliche Impulse geben kann wie seinerzeit Deutschland der Marshall-Plan nach dem Zweiten Weltkrieg.

Der mitteleuropäische Markt ist, wie gesagt, derzeit ungesättigt. Hier kommt eine gewaltige Aufgabe auf die Wirtschaft der freien Länder zu. Man muß sich zum Beispiel darüber im klaren sein, daß wahrscheinlich bis zu 80 Prozent der Industrieanlagen in den vormals kommunistischen Ländern schrottreif sind. Es muß vom Nullpunkt aus aufgebaut werden. Versuche, an den alten Betrieben noch etwas zu sanieren, dürften in der Mehrzahl der Fälle zum Scheitern verurteilt sein. Sie würden nur Unsummen verschlingen, ohne den jeweiligen Betrieb technisch auch nur annähernd auf westliches Niveau zu bringen.

Wirtschaftlich ebenso interessant ist der Kampf gegen die Umweltbelastung. Man kann sich im Westen oftmals gar nicht vorstellen, mit welcher menschenverachtenden Gewissenlosigkeit die kommunistischen Regime den natürlichen Lebensraum der unterdrückten Völker zerstört haben, nur um gute Produktionszahlen herauszuholen. Hier ist viel endgültig verloren, aber manches kann noch gerettet werden. Unternehmen, die sich auf Umwelterhaltung spezialisieren, haben hier eine große Zukunft. Sie dürften bald eine Spitzenindustrie werden. Das gilt für Luft, Wasser und Boden.

Eine große Zukunft gehört auch dem Baugewerbe. So ziemlich alle Städte müssen von Grund auf saniert werden. Es ist in den Jahren der roten Herrschaft auf diesem Gebiet praktisch nichts geschehen, außer der Errichtung von potemkinschen Dörfern oder von konfektionierten Wohnsilos, die eine unerträgliche Belastung für deren Bewohner bedeuten.

Ein echter Neuanfang kommt auf uns zu. Dafür bestehen glänzende Vorbedingungen: der Wille der Bevölkerung, dazu die Energie und die vitale Kraft der westlichen Wirtschaft. Für Pessimismus besteht demnach kein Grund. Es wird Schwierigkeiten, es wird Kosten und Opfer geben. Aber die Zukunft, mittel- und langfristig gesehen, ist vielversprechend. Es ist nicht übertrieben, wenn man heute von den Perspektiven eines zweiten europäischen Wirtschaftswunders spricht. Dieses könnte höchstens durch politische Fehler oder – noch schlimmer – einen Rückfall in den Sozialismus verhindert werden.

Natürlich gibt es auch noch echte Schwierigkeiten. Da stehen, wie im Kapitel über Ungarn bereits angedeutet, Probleme bei der Loslösung der Einzelstaaten des Ostens aus dem Rat für Gegenseitige Wirtschaftshilfe (RGW) an erster Stelle. Dieser hat im Laufe der letzten Jahrzehnte die natürlichen Ströme der Wirtschaft in ungesunde Kanäle gelenkt. Die Staaten des ehemaligen Ostblocks sind unter Zwang auf den sowjetischen Markt und dessen Bedürfnisse ausgerichtet worden. Um diese Völker Schritt für Schritt an das westliche Wohlstandsniveau heranzuführen, wird es absolut notwendig sein, ihre Produktion umzustellen, um Güter zu produzieren, die auf den Weltmärkten verkäuflich sind. Es wird ungeheuer schwierig sein, die Abhängigkeit vom sowjetischen Markt abzubauen, um neue Betriebszweige zu schaffen, die den modernen Qualitäts- und Produktivitätsansprüchen entsprechen. Dies zu überstürzen, könnte – auf der einen wie auf der anderen Seite – gefährlich werden. Hier muß die westliche Hilfe einiges leisten. Alles allerdings kann sie nicht tun. Es wird der Klugheit der Verantwortlichen überlassen sein, die Interessen gegeneinander aufzuwiegen.

Gleichzeitig mit dieser Umorientierung muß auch die Binnenwirtschaft umgestellt werden. Die sowjetische Inflation, die man offiziell kaum zugegeben hat, wurde insbesondere dadurch vertuscht, daß man die Liquiditätsüberschüsse in die Partnerländer abschob. Dazu kommt die massive Verschuldung der Länder durch Kredite, die niemals wirklich der Volkswirtschaft zugute gekommen sind. Erst jetzt erkennt man die unglaubliche Gewissenlosigkeit, mit der seinerzeit die kommunistischen Potentaten aus dem Vollen gewirtschaftet haben. Das Geld ist weg, es muß zurückgezahlt werden, und die Wirtschaft hat davon so gut wie nichts erhalten. Lenin-Statuen und Kulturpaläste kann man nicht essen. Sie können auch keine Waren produzieren.

Man sollte sich vor Augen halten, daß derzeit die Struktur des sowjetischen Außenhandels diejenige eines Entwicklungslandes ist. 85 Prozent der Exporte sind Rohstoffe und Energie – also ebenfalls nur ein Rohstoff. Nur 15 Prozent sind Fertigprodukte. Auch von diesen gehen etwa zwei Drittel in die Länder des »Rates für Gegenseitige Wirtschaftshilfe«, eine Organisation, die nicht etwa eine Gemeinschaft wie die EG ist, sondern eine Ausbeutungsmaschinerie im Dienste der hegemonialen Macht.

Außerdem darf man die Zähigkeit der parasitären Gemeinschaften, die einst die Hebel der Macht in Händen hielten oder sie – etwa in der Sowjetunion – noch halten, nicht unterschätzen. Kräfte, die wirtschaftlich unproduktiv für die Planung tätig sind, müssen um ihre Zukunft zittern. Man hat im Westen allzu sehr die Tatsache unterschätzt, daß zum Beispiel in der UdSSR allein 12 Millionen Menschen an den Plänen arbeiteten. Diese werden in einer freien Wirtschaft überflüssig. Daß sie ihren Broterwerb nicht aufgeben wollen, ist menschlich verständlich. Wir müssen daher in solchen Ländern mit einem letzten Aufbäumen der Nomenklatura rechnen. Wenn diese auch inzwischen geschwächt ist, so repräsentiert sie doch noch immer eine verborgene Macht – vor allem in der Wirtschaft.

Nunmehr gilt es, sachlich zu überlegen, was wirklich zum Aufbau gebraucht wird. Man hat immer wieder nur von Kapital gesprochen. Dabei erkennt man an Ort und Stelle, daß der Mangel an Investitionsmitteln keineswegs das gravierendste Handicap ist. Weit beängstigender ist die Tatsache, daß das notwendige technologische Wissen und praktische Können in den Ländern der früheren kommunistischen Herrschaft vielfach fehlt.

Der Kommunismus hat seinen Untertanen vier bis fünf Jahrzehnte geraubt. In dieser Zeit hat der Westen seine Wirtschaft und seine Technik in stürmischem Tempo entwickelt. Östlich der Jalta-Linie ist man weitgehend dort stehengeblieben, wo man am Ende des Krieges angelangt war. Meist wurde nur zerstört und so gut wie nichts aufgebaut. Man lebte von der Substanz. Im praktischen Leben bedeutet das, daß zum Beispiel in der ehemaligen »DDR« so gut wie alle Straßen noch auf die Zeit vor dem Zweiten Weltkrieg zurückgehen. Seither wurden sie in vielen Fällen nicht einmal repariert. Waren allzu viele Schlaglöcher aufgebrochen, hat man einfach Tafeln aufgestellt, um die maximale Geschwindigkeiten auf 20 oder 30 Kilometer in der Stunde zu beschränken. Diese standen da – im wahrsten Sinne des Wortes als Monumente des Sozialismus, der den von ihm beherrschten Ländern auf nahezu allen Lebensgebieten eine strikte Geschwindigkeitsbeschränkungen verordnet hat – namentlich in den Bereichen Wirtschaft und Technologie.

Indem man in sozialistischen Ländern die Bürger am Reisen hinderte, die Ausbildungsprogramme verschlechterte und den »Untertanen« – soweit sie nicht einer privilegierten Schicht angehörten – versagte, sich die wissenschaftlichen und technologischen Erkenntnisse der anderen Staaten zunutze zu machen, ist man auf der ganzen Linie hinter der modernen Entwicklung zurückgeblieben. Wer heute durch Polen oder durch die Tschecho-Slowakei fährt, wird sehen, daß dort die Fabriken in der Regel noch aus der Zeit vor dem Zweiten Weltkrieg, ja sogar aus der Monarchie stammen. Viele Menschen aber sind auf dem Erfahrungsstand der vierziger Jahre stehengeblieben, und dieser Mangel an Know how hemmt in den meisten Fällen den Fortschritt noch mehr als das fehlende Kapital.
Immer wieder hört man daher die Bemerkung, daß die Staaten des Ostblocks nicht so sehr eine Finanzhilfe benötigten als vielmehr die Kenntnis der modernen Fertigungstechnologien und zeitgemäßen Arbeitsweisen. Will man daher im Westen ein echtes Entwicklungsprogramm für die Länder Mittel- und Osteuropas einleiten, wäre es richtig, vor allem mit einem Transfer von Wissen zu beginnen.

Es wird immer wieder die Frage gestellt, wie man ein solches Programm durchführen könnte. Ganz besonders betont man dabei, daß man im Westen schließlich selbst die Kräfte jener hochqualifizierten jungen Leute brauche, die heute in der Produktion beziehungsweise in der Verwaltung stehen. Man kann sie nicht entbehren: Die Lage ist im Gegenteil auf vielen Gebieten so angespannt, daß es keine Personalreserven mehr gibt.

Bei dieser Diskussion übersieht man freilich, daß wir durchaus über ein gewaltiges Reservoir an Wissen und Erfahrung verfügen, das bislang nur niemand in Anspruch zu nehmen wagte: jene Menschen nämlich, die ihr aktives Arbeitsleben abgeschlossen haben und nunmehr Pensionisten, aber eigentlich noch viel zu vital sind, um sich gänzlich aufs Altenteil zurückzuziehen. Unter den heutigen Arbeitsbedingungen sind die wenigsten Ruheständler so erschöpft oder körperlich abgewirtschaftet, daß sie nicht mehr in irgendeiner Form tätig werden könnten. Wir haben im Gegenteil eine große Zahl durchaus rüstiger älterer Menschen, für die die Pensionierung oft geradezu eine Belastung darstellt. Man reißt sie nämlich gerade in dem Augenblick aus dem Arbeitsleben, in dem sie zwar den Zenit ihrer Leistungsfähigkeit überschritten, aber das größte Kapital an Erfahrungen angesammelt haben: Diese liegen nunmehr brach.

Aus dieser Überlegung ergibt sich, daß man sich doch im Westen ernstliche Gedanken über einen geistig-technologischen Marshall-Plan für Mittel- und Osteuropa machen sollte. Unsere Pensionisten haben heute ein Ruhegehalt, das zwar oft nicht üppig ist, das aber bei dem wesentlich niedrigeren Preisniveau im ehemaligen Ostblock ein durchaus komfortables Auskommen erlauben würde. Wie wäre es nun, wollte man eine Art europäisches Friedenscorps aufstellen, wobei sich diesmal die Werbung nicht an die Jungen, sondern an die Alten richten würde? Man braucht überall Menschen, die Erfahrung in der Verwaltung der Staaten, im Bankwesen und selbstverständlich auf allen Gebieten der Industrie, des Handels und des Gewerbes besitzen. Auch landwirtschaftliche Sachverständige wären vonnöten, weil in allen Staaten Mittel- und Osteuropas eine grundlegende Reorganisation der Agrarstrukturen gefordert ist.

Zur Bildung eines solchen Friedenscorps wären jene aufgerufen, die den Idealismus besitzen, ihre Erfahrungen und ihre noch beträchtlichen Kräfte für die Entwicklung unseres Erdteiles einzusetzen. Regierungen oder verantwortliche Organisationen sollten sie ansprechen mit dem Ersuchen, sich auf eine gewisse Zeit zum Einsatz in den Ländern Mittel- und Osteuropas zur Verfügung zu stellen. Man könnte ihnen eine geringe Beihilfe für Wohnung und für Nebenkosten erteilen. Das Hauptgehalt allerdings wäre die Pension, die sie ansonsten im Westen ebenso erhielten wie am Ort ihres neuen Einsatzes. Ein solcher Einsatz wäre zugleich eine gute Kur gegen den sogenannten Pensionierungsschock, weil er den Senioren zeigen würde, daß sie noch eine sinnvolle Aufgabe im Leben haben.

Diese Art der Entwicklungshilfe könnte zu einer gewaltigen Beschleunigung der Entwicklung der Staaten Mittel- und Osteuropas führen. Außerdem wäre damit keine übermäßige Belastung des Haushaltes der Einzelstaaten oder der Europäischen Gemeinschaft verbunden. Es ist mit an Sicherheit grenzender Wahrscheinlichkeit anzunehmen, daß hier derzeit brachliegende Energien freigesetzt würden, die der Entwicklung Gesamteuropas einen gewaltigen Schub geben könnten. Bislang gibt es solche Initiativen nur auf individueller Basis. Der Erfolg einer umfassenderen Aktion wäre der beste Beweis dafür, daß die Kraft der Alten Welt auch weiterhin ungebrochen ist. Es wäre das eine wirkungsvolle Antwort auf den Wunsch der Völker Mittel- und Osteuropas, endlich in Würde leben zu können, und gleichzeitig auch auf den in Westeuropa nur zu weit verbreiteten – und weiß Gott unberechtigten – Pessimismus. Die Botschaft würde lauten: Auch alte Europäer haben bei uns noch eine Zukunft.

Spanien als Modell?

In den ehemals kommunistischen Staaten Mitteleuropas wird viel über Spanien als Modell diskutiert. Der Übergang zur Demokratie ermöglichte Madrid den Beitritt zur Europäischen Gemeinschaft. Schon deshalb glauben viele Ungarn, Tschechen oder Slowaken an eine Vorbildfunktion der Spanier.

Dies ist sicher berechtigt. Denn die Zugehörigkeit Spaniens zur Europäischen Gemeinschaft stand von Anfang an unter dem Zeichen des Erfolges. Im ganzen Lande herrschte in dieser Frage praktisch Einstimmigkeit. Ich gehörte selbst der Delegation des Europa-Parlamentes in Madrid an und erlebte diese eindrucksvolle Geschlossenheit. Dazu kam eine tüchtige und motivierte Verhandlungsführung der Spanier aller Parteien und die Bereitschaft, die Bestimmungen der Gemeinschaft, so wie sie sind, anzunehmen. Kein Wunder daher, daß Spanien viel guten Willen in Brüssel und Straßburg fand.

Seither hat das Land gezeigt, daß es seine Verpflichtungen ernst nimmt. Unter den Männern und Frauen, die es in die Organe der Europäischen Gemeinschaft entsandte, befanden sich die allerbesten ihres Berufes. Das galt gleichermaßen für Parlamentarier, Mitglieder der EG-Kommission und für Beamte. Das Ergebnis war, daß die Spanier in kürzester Zeit eine wichtige Rolle in Straßburg oder Brüssel gespielt haben. Dies wirkte sich für die Bevölkerung auch dahingehend aus, daß diese gute Vertretung es erlaubte, die Vorteile der Gemeinschaft für das Land auszuschöpfen. Natürlich gab es Nörgler unter den Partnern, die sich darob bitter beschwerten. Sie hätten besser daran getan, nach dem Geheimnis des Erfolges zu forschen. Auch altgediente Mitglieder der EG wie zum Beispiel die Bundesrepublik Deutschland hätten von Madrid einiges lernen können.

In den Ländern des ehemaligen Ostblocks wird auch die ökonomische Entwicklung Spaniens nach dem EG-Beitritt aufmerksam studiert: Die Auswirkung auf die Wirtschaft des Landes war günstig. Natürlich gab es Sektoren, die zu leiden hatten. Das ist unvermeidlich, denn bei jedem großen Sprung nach vorwärts bleiben einige zurück. Im Durchschnitt aber hat Spanien durch die Integration viel gewonnen. Daher der weitverbreitete Optimismus.

Auch innenpolitisch streben die nunmehr freien Mitteleuropäer den Spaniern nach. König Juan Carlos verstand es meisterhaft, den Übergang zur Demokratie ohne Bruch zu vollziehen. Die neuen Kräfte übernahmen die politische Führung, ohne daß es zu einer Jagd auf die Träger des alten Regimes kam. Gleichzeitig gelang es durch die neue spanische Verfassung, die entgegen der zentralistischen Tradition, die die Bourbonen aus Frankreich mitgebracht hatten, auch regionale und Nationalitätenrechte garantierte, einen Konflikt zu entschärfen, der die iberische Halbinsel seit dem Erbfolgekrieg überschattet hatte. Darauf wird in einem anderen Kapitel zurückzukommen sein.

Gerade dieses positive Bild freilich gebietet es im Interesse der Wahrheit, auch auf jene Fehlentwicklungen in Spanien hinzuweisen, die den Mittel- und Osteuropäern zum Teil in noch viel schärferer Form drohen.

Seit kurzem scheint sich die Situation auf der iberischen Halbinsel wieder zu verschlechtern. Das gilt zum Beispiel für das Jahr 1990, und zwar auf jenem Sektor, der seinerzeit weitgehend den spanischen Aufstieg mitgetragen hatte: dem Fremdenverkehr. Die Deviseneinnahmen dieser Branche hatten seit 1960 ausgereicht, um das Defizit des Außenhandels zu decken. Gewiß, amtliche Stellen trösteten sich damit, daß die schlechte Saison 1990 vielleicht eine Ausnahme gewesen sei. Das mag an einigen Orten zutreffen. Man muß aber das ganze Bild sehen, und dieses ist nicht ermutigend.

Man hört viele beschönigende Äußerungen. Es ist nicht erstaunlich, daß auch die Parteipolitik versucht, sich des Problems zu bemächtigen. Die Opposition behauptet, der Rückschlag sei die Schuld der sozialistischen Regierung; die Linken wiederum versuchen durch fragwürdige Statistiken zu belegen, daß die Dinge lange nicht so schlecht sind, wie es den Anschein hat. Es bleibt aber eine unabänderliche Tatsache, daß man an Ort und Stelle bei dem spanischen Fremdenverkehr einen Rückgang verzeichnet, der alle bisherigen Einbrüche übertrifft.

So gesehen, sollte man als Freund Spaniens nicht versuchen, sich selbst und andere zu täuschen. Außer konjunkturellen Schwankungen bleiben grundsätzliche Mängel: Ein ernstzunehmendes Hemmnis für Investitionen im Fremdenverkehr wie für die Wirtschaft insgesamt ist die schlechte Infrastruktur auf dem Gebiete der Telekommunikation. Viele wollen das in Spanien nicht hören. Dabei sind die postalischen Dienstleistungen in den meisten Orten, besonders auch in der Touristensaison, katastrophal. Man erhält die Briefe entweder gar nicht oder mit großer Verspätung.

Was aber noch mehr ins Gewicht fällt, ist der schlechte Zustand der Telefone und insbesondere der Telex- und Fax-Systeme. In wichtigen Fremdenverkehrspostämtern ist es so gut wie unmöglich, ein Telefax auszusenden. Es gibt zwar die entsprechenden Geräte, aber diese sind chronisch defekt. Daher haben sich neben dem öffentlichen Postdienst private Agenturen aufgetan, die entsprechende Dienstleistungen anbieten – zwar zu überhöhten Preisen, aber immerhin im Gegensatz zur Post mit Erfolg. So überlegen sich Investoren, ob sie in einem Land ihr Geld anlegen wollen, in dem die Verbindungen zum Ausland äußerst schwierig, manchmal fast unmöglich sind.

Zahlreiche Geschäftsleute beklagen sich auch über den Zustand des Transportwesens, ganz besonders des Luftverkehrs. Das gilt vor allem für die staatliche Fluggesellschaft Iberia. Schon auf den Flugplätzen zeigt sich dies. Die führende spanische Zeitung »ABC« hat vor nicht allzu langer Zeit bemerkt, der Madrider Flugplatz Barajas sei offensichtlich dafür geschaffen, den Nord-Süd-Reisenden auf die Dritte Welt vorzubereiten. Bei den Dienstleistungen der Iberia, vor allem beim Personal, läßt so gut wie alles zu wünschen übrig. Die Behandlung der Passagiere ist nicht freundlich; die Information bei Verspätungen fehlt fast immer. Es gibt viel zu wenig Bodenpersonal, um dem Andrang auch nur halbwegs gerecht zu werden. Die meisten Fluglinien bemühen sich bei Verspätung, dem Passagier zu helfen und ihm einen anderen Anschluß zu bieten; bei Iberia gibt es diesen Service praktisch nicht – zumindest was die großen Linien betrifft.

Auch der Dienst bei den Buchungen ist fragwürdig. Daß dies bei einer Fluglinie, die früher einmal einen ausgezeichneten Ruf genossen hat, zu überflüssigen Irritationen führt, liegt auf der Hand.

Auch die Reinlichkeit auf öffentlichen Plätzen wie in der Gastronomie hat, nicht zuletzt in den Touristengebieten, gegenüber früher stark nachgelassen. Nicht weniger auffällig ist der Mangel an Fürsorge für die Umwelt. Zwar werden dieser Feststellung frisierte Statistiken entgegengehalten, nur sind diese eben Dokumente, mit denen man alles und nichts beweisen kann. Besucher jedenfalls stellen immer wieder fest, daß die Zustände der Strände sehr zu wünschen übrig lassen, zumindest, was die Mittelmeerküste betrifft.

Schließlich dreht sich die Preisspirale in beachtlichem Tempo. Dabei wurde die Qualität der Leistungen nicht verbessert, die übrigens einmal sehr gut war. Da sich Spanien aber derzeit der starken Konkurrenz der Türkei und anderer mediterraner Staaten wie Tunesien gegenübersieht, bevorzugen es viele Touristen, Sonne und Meer dort wohlfeiler zu genießen.

Schließlich verschreckt die mangelnde innere Sicherheit zahlreiche Gäste, aber auch Investoren. Hier verliert Spanien gefährlich an Boden. Insbesondere in den großen Touristenzentren breitet sich die Welt der Drogen und des Verbrechens in beängstigender Weise aus. Die Autoritäten reagieren meist mit mangelnder Energie. Zwar bleibt die Guardia Civil weiter ein Elitekorps, sie ist aber gänzlich überfordert.

Dies sind einige Klagen, die man von allen Seiten zu hören bekommt. Das Ergebnis ist, daß diejenigen, die seinerzeit entscheidend zur Blüte des spanischen Fremdenverkehrs beigetragen haben, also insbesondere die Deutschen und die Engländer, immer mehr ausbleiben – ein alarmierendes Zeichen, das die Verantwortlichen in Madrid nicht übersehen sollten.

Was hier über Spanien gesagt wurde, gilt auch und noch mehr für den ehemaligen Ostblock. Budapest oder Prag, der Plattensee oder der Böhmerwald sind gleichermaßen geeignet, Touristen anzuziehen. Der Fremdenverkehr und das Gebiet der Dienstleistungen könnten am ehesten einen breiten Mittelstand schaffen, ohne den keine echte Marktwirtschaft leben kann, zumal die Qualität der Industrieprodukte vielfach zu wünschen übrig läßt. Deshalb sind die schlechte Infrastruktur, katastrophale Kommunikationsnetze, überzogene Preise und eine Goldgräbermentalität, die weder auf langfristige Möglichkeiten noch auf die Umwelt achtet, auch für die befreiten Mitteleuropäer höchst gefährlich. Spanien kann ihnen als Hoffnungsträger, aber auch zur Warnung dienen.

SCHULD

Es ist eine Eigenheit der modernen oder angeblich modernen Politik, daß man wohl theoretisch die Sippenhaftung verurteilt, sie aber ständig weiter praktiziert. Das ist ein Rückfall in die Barbarei. Im 18. Jahrhundert war es zum Beispiel selbstverständlich, daß, wenn Staaten miteinander Krieg führten, sich dies in der Regel relativ wenig auf die Zivilbevölkerung auswirkte. So erzählt die Geschichte, daß während des Krieges zwischen Frankreich und England König Ludwig XIV. englische Persönlichkeiten selbstverständlich zu sich in Versailles zu Tische bat, sofern diese auf einer Reise Frankreich durchquerten – was ebenfalls ohne weiteres möglich war.

Demgegenüber würde man solche Personen heute zumindest internieren, da man den Begriff »Krieg« auf das ganze Volk ausdehnt. Daß dies gewisse Menschen als demokratischen Fortschritt betrachten, ist Zeichen ihrer Blindheit.

Ein besonders übler Ausdruck dieses geistigen Niederganges des Westens ist der Begriff der kollektiven Verantwortung der Völker. Dieser entstammt weitgehend dem Verfall unseres religiösen Erbes. Der Materialismus macht aus dem Menschen ein kleines Teilchen einer großen Maschine, das allerdings eng mit dieser zusammenhängt. Er ist schuldig für deren Missetaten, ganz gleich ob er an diesen teilhatte oder nicht. Die christliche Philosophie anerkannte demgegenüber immer den Begriff der persönlichen Verantwortung. Sie betrachtete den Menschen als ein Geschöpf Gottes, dem Er Rechte zugewiesen hat, die ihm zustehen, und die ihm Regierungen oder andere kollektive Körperschaften nicht streitig machen dürfen.

Es war daher auch klar, daß man diese Verantwortung nicht auf andere übertragen kann. Demzufolge verrät der Begriff der kollektiven Schuld eine tief unchristliche Einstellung, die im absoluten Widerspruch zum Genius unseres europäischen Erdteiles steht.

Solche Überlegungen drängen sich auf, wenn wir gewisse Reaktionen sehen in den Ländern, die sich in letzter Zeit vom Kommunismus befreit haben. Insbesondere in der früheren »DDR« gibt es nur zu viele mit einem Schuldbewußtsein für etwas, das sich ohne ihr Zutun ereignet hat. Sie werfen sich vor, nicht genügend gegen das Regime unternommen zu haben.

Auch anständige Leute, die sich niemals mit den totalitären Machthabern kompromittierten, werden langsam in dieses Gefühl der Kollektivschuld an einer Entwicklung gedrängt, die sachlich jenseits der Verantwortung der einzelnen Menschen gelegen ist. Im Falle der ehemaligen DDR gibt es gewiß Individualschuld, etwa bei Menschen wie Markus Wolf, Hans Modrow oder Erich Honecker. Diese haben schwere Verbrechen begangen, aber dafür kann das Volk nichts. Man muß wissen, daß das System der DDR durch fremde Truppen nach ideologischen Gesichtspunkten ohne Zustimmung der Wähler errichtet wurde. Sich zu fragen, ob man mehr gegen das Regime hätte tun können, ist dabei eine rein individuelle, bestimmt aber keine kollektive Problematik.

Der prominente Denker Professor Viktor Frankl hat seinerzeit anläßlich einer öffentlichen Rede in Wien am Jahrestag der hitlerischen Okkupation Österreichs das Wort geprägt: Heroismus darf man nur von sich selbst fordern. Man könnte diesen Begriff, auf das Heute übertragen, so formulieren: Verantwortung für das Schicksal einer Nation tragen einzelne, nicht aber das Volk als Ganzes. In diesem gibt es juristisch Schuldige und Unschuldige. Darüber hinaus kann nur der Allmächtige ein letztes Urteil fällen.

Komplexe sind ein störendes Element im Privatleben wie in der Politik. Es wäre daher äußerst schädlich für die Zukunft, wollte man solche in den Ländern aufkommen lassen, die nunmehr ihre Freiheit wiedererlangt haben. Die wirklich Schuldigen sollte man zügig bestrafen, für die Massen aber einen dicken Strich unter die Rechnung ziehen.

Dabei sollten wir uns ständig vor Augen halten, wie zerstörerisch die Kollektivschuld-These nach Ende des Nationalsozialismus gewirkt hat. Es ist zu Recht gesagt worden, daß man so Hitler das ewige Leben bewahrt habe. Immer noch stehen Entscheidungen – die nichts mit ihm und seinen Verbrechen zu tun haben – unter seinem Schatten. Selbstverständlich dürfen die dunklen Seiten der Vergangenheit nicht verdrängt werden, doch wer die persönliche Schuld durch die des Kollektivs ersetzt, bereitet dem nächsten Totalitarismus den Boden.

KONTINUITÄT

Beobachtet man die verschiedenen Länder, die derzeit ihrem kommunistisch-totalitären Regime ein Ende gesetzt haben und sich darauf vorbereiten, in die Gemeinschaft der freien Völker einzutreten, wird immer wieder auffallen, daß diejenigen es offensichtlich am besten können, die die Fähigkeit besitzen, eine Kontinuität über die Zeiten herzustellen.

Diesbezüglich war Ungarn beispielgebend. Ich war selbst anwesend, als am 2. Mai 1990 in Budapest das erste frei gewählte Parlament seit Jahrzehnten eröffnet wurde. Der Alterspräsident Kálmán Kéri war noch Offizier unter Kaiser Franz Joseph und danach unter der Regierung meines Vaters gewesen. Er wurde später durch das kommunistische Regime drei Jahre im entsetzlichen Konzentrationslager von Recsk gefangengehalten.

Die erste Rede hielt Monsignore Béla Varga, der Präsident des letzten frei gewählten Parlamentes nach dem Zweiten Weltkrieg, den die Kommunisten beim Sturz der Regierung Nagy ins Exil getrieben hatten. Es gab aber auch im Parlament Menschen, die durch viele Jahre dem Kommunismus treu gedient haben, wie etwa die Herren Pozsgay, Szürös und Németh. Zwischen ihnen und ihren

Kollegen entstand nicht jene Spannung, wie man sie oft anderswo findet. Sie alle wurden als Teil der ungarischen Geschichte angesehen, auch von Seiten jener, die die vergangenen Epochen als überwunden betrachteten.

In Wien sind zweifelsohne eines der bedeutendsten und politisch aussagekräftigsten Monumente die Adler Napoleons vor dem Schloß Schönbrunn. Zwar war der korsische Herrscher nur wenige Tage in Wien, er hatte aber, wie alle politisch kurzlebigen Phänomene, das Bedürfnis, sich selbst zu verewigen. Als er bald nach dem Aufstellen seines Siegeszeichens die Stadt verlassen mußte und Kaiser Franz in seine Residenz zurückkehrte, wurde diesem von Seiten seiner Berater empfohlen, den Adler sofort zu entfernen. Der Kaiser wehrte sich mit der Begründung: Auch das gehört zu unserer Geschichte.

Übrigens sollte man dasselbe jenen – glücklicherweise nicht sehr zahlreichen – Leuten sagen, die fordern, man möge in Wien am Schwarzenbergplatz das Monument des sowjetischen Soldaten wegräumen. Erstens ist dieses Wahrzeichen der Vergänglichkeit gar nicht so uninteressant, nur steht die Figur des Soldaten vielleicht unproportioniert hoch, zweitens ist auch die damalige unliebsame Anwesenheit der Roten Armee Teil der österreichischen Geschichte. Freilich: Ein großer Teil der übertrieben zahlreichen kommunistischen Denkmäler im östlichen Mitteleuropa mußte verschwinden, sollte aber nicht sofort von den Statuen der neuen Herren ersetzt werden.

Wer sich selbst rasch Monumente baut, zweifelt an der Rechtmäßigkeit seiner Machtausübung. Der legitime Herrscher, ganz gleich ob in einer Republik oder in einer

Monarchie, hat das Gefühl, seine Aufgabe sei Verpflichtung und nicht persönlicher Ruhm. Für ihn selbst ist eigentlich nur das Urteil Gottes wesentlich. Was die Menschen nach seinem Tod über ihn denken, trifft ihn wenig. Nur die kurzfristig operierenden, kleinkarierten Politiker sind von Anfang an damit beschäftigt, das eigene Denkmal zu errichten. Das gilt auch für gewisse Memoirenschreiber. Es hat sich erwiesen, daß sich ein Bruch in der Geschichte stets zum Nachteil aller auswirkt. Das gilt auch für den Begriff der Vergangenheitsbewältigung. Wer die hinter uns liegende Zeit als das sieht, was sie wirklich ist, hat gar kein Bedürfnis, diese zu bewältigen; er wird sie bestenfalls integrieren. Bewältigung, das geht Hand in Hand mit Verdrängung und Verfälschung. Integration demgegenüber erlaubt, sich die Dinge so anzusehen, wie sie wirklich waren, und aufgrund dieser Erfahrung die eigenen Handlungen auszurichten. Auch schlechte Phasen sind von großem Nutzen, denn sie lehren, was man nicht tun darf. Die sonnigen Tage demgegenüber finden ihren Sinn darin, daß man weiß, wie man handeln sollte. Wer aber versucht, die Vergangenheit zu bewältigen, dem entgeht der Schatz der Geschichte. Auch kann man immer wieder beobachten, daß eine verkrampfte Haltung anstelle der gesunden Beurteilung der Tatsachen Komplexe schafft, die noch niemandem genützt haben.

So gesehen ist es absolut notwendig, gerade mit Rücksicht auf die Entwicklung in Mittel- und Osteuropa alles zu tun, um zu einer vernünftigen Integration aller Aspekte der Vergangenheit zu kommen. Der Erfolg der Politik wird weitgehend davon abhängen.

Nur wer die Fähigkeit besitzt, mit dem Gewesenen Frieden

oder zumindest einen Waffenstillstand zu schließen, wird die Fähigkeit haben, sich entschieden der Zukunft zuzuwenden. Denn die Geschichte ist nicht etwas, das man in verschiedene, voneinander luftdicht abgeschlossene Abschnitte teilen kann. Sie ist wie ein Fluß von der Quelle bis zur Mündung. Die abrupten Wendungen des zwanzigsten Jahrhunderts sollten uns lehren, wieder den Wert der Kontinuität schätzen zu lernen.

GESTORBEN IN PARIS

Ein intelligenter Reisender durch Frankreich hat jüngst
die Beobachtung gemacht, daß in vielen Städten und Dörfern des Landes Gedenktafeln für die örtlichen Größen
stehen; so gut wie auf allen aber ist aufgezeichnet: geboren
in XY – gestorben in Paris. Das beweist, daß die meisten
Karrieren, die irgendwo im Land begonnen haben, ihren
Höhepunkt und Abschluß in einer einzigen Stadt fanden.
Dieser Sachverhalt ist eine typische Erscheinung des Zentralismus. Frankreich zieht alles in seine Hauptstadt. Eine
Karte der Eisenbahnverbindungen zeigt, daß es meist
leichter ist, den Umweg über Paris zu nehmen, als geradli-
nig von einem Ort des Landes zum anderen zu fahren.
Paris ist der Mittelpunkt, von dem aus die verschiedenen
Schienenstränge auseinandergehen. Querverbindungen
sind selten und gewöhnlich nicht besonders gut.
Auch kulturell orientiert sich alles nach Paris. Schriftsteller müssen in die Hauptstadt, weil dort die Verleger resi-
dieren. Auch die besten Theater oder Konzerte findet man
vor allem in Paris. Das kulturelle Angebot ist dort wesentlich vielfältiger als in den Städten der Provinz. Ein Phänomen wie Salzburg, wo sich eine Provinzstadt kulturell auf
Weltniveau erhebt, gibt es in Frankreich nicht.

Vor allem die mitteleuropäischen Staaten haben hingegen mehrere Zentren mit hauptstädtischer Tradition. Das ist ganz besonders in Deutschland der Fall, wo die Residenzen der seinerzeitigen Fürsten überall noch Hauptstadtcharakter tragen. Diese besitzen auch ihre kulturelle Eigenständigkeit wie etwa die Theaterstadt Meiningen, wie Bayreuth, Ansbach oder Weimar, das jetzt zum ersten Mal die Möglichkeit hat, den Schutt wegzuräumen, den das sozialistische Regime der »DDR« dort hinterlassen hat.

In einem zentralistischen Staat zieht die Hauptstadt also alles an sich, in einem föderalistischen aber gibt es eine weite Streuung. Das Problem bei ersterem ist, daß die Zentrale das Land förmlich aussaugt und die Provinzstädte weitgehend kulturell verkümmern läßt. Auch politisch ist es nicht anders. Dies führt zu einer Verarmung weiter Gebiete. Talente in den kleineren Städten haben nur selten die Möglichkeit, sich weiterzuentwickeln. Sind sie nicht bereit abzuwandern, bleiben ihre Aussichten relativ gering.

Daher haben in jüngster Zeit weitsichtige Politiker auch in Westeuropa versucht, in Staaten mit zentralistischer Tradition das föderative Element einzuführen und gegebenenfalls zu stärken.

Am ausgeprägtesten zeigt sich dies in Spanien. Solange die Habsburger dort regierten, war das Land ein Verband von Fürstentümern und Königreichen. Sie mußten sich als die Herrscher des entsprechenden Gebietes darstellen – wie z.B. König von Valencia – und nicht etwa als Monarch von Spanien. Auch Karl V. hatte sich mehr denn einmal den Cortes von Aragón zu beugen. Seine Nachfahren – vor allem die Bourbonen – taten dies nicht. Erst nach Jahrhunderten des Zentralismus ist Spanien mit der Thronbesteigung von König Juan Carlos wieder zu dieser föderalistischen Konzeption zurückgekehrt. Seither lebt das Land von Andalusien bis Asturien förmlich wieder auf.

In Frankreich hat Präsident Mitterrand ebenfalls Versuche unternommen, das Land zu dezentralisieren. Teilweise ist ihm dies gelungen. Allerdings scheint ihn jetzt etwas der Mut verlassen zu haben. Nach den ersten Schritten, wie insbesondere der Schaffung der Regionalräte, ist er stehengeblieben. Dafür kann man feststellen, daß sogar seine Opposition, die früher zentralistisch war, nunmehr föderalistische Töne anschlägt.

Bezeichnend dafür waren die Vorschläge des früheren Präsidenten Valéry Giscard d'Estaing im Europa-Parlament zum Subsidiaritätsprinzip. Gewiß, er ging noch nicht so weit, wie es notwendig sein wird. Immerhin aber darf man annehmen, daß sich auch sein politisches Lager auf dem guten Weg befindet.

Daß dies alles zu einer Neubelebung einer eigenständigen Kultur in den verschiedenen Regionen beiträgt, liegt auf der Hand. In Frankreich insbesondere kann man die ersten Anzeichen beobachten. Ob sie sich allerdings gegen das Gesetz der Trägheit des Zentralismus durchsetzen werden, bleibt abzuwarten. Anders ist es in Spanien, wo die Wurzeln der alten Tradition noch nicht ganz verdorrt sind. Dort läßt sich die föderalistische Entwicklung nicht mehr aufhalten.

Diese Überlegungen sollten bei der Erneuerung der Europäischen Gemeinschaft und beim Wiederaufbau Mitteleuropas im Auge behalten werden. Durch den zu erwartenden gewaltigen Erfolg des EG-Binnenmarktes wird es unvermeidlich zu neuen politischen Entscheidungen in der Europäischen Gemeinschaft kommen. Man kann nicht eine gewisse wirtschaftliche Größe erreichen, ohne daraus politische Konsequenzen zu ziehen.

Die Europäische Gemeinschaft wird gezwungen sein, ihre Institutionen den Gegebenheiten anzupassen. Das führt notwendigerweise zu einem neuen Vertrag, in dem eine Reihe von grundlegenden Festlegungen getroffen werden müssen. Ähnlich war es bei den Römischen Verträgen. Damals hatte es weittragende Folgen, daß unter dem Einfluß von Bundeskanzler Adenauer, einem Paneuropäer der ersten Stunde, die soziale Marktwirtschaft einklagbar in die Texte eingebaut wurde. Damit war der Gesamtgemeinschaft eine marktwirtschaftliche Orientierung vorgegeben.

Die volle Tragweite dieser Entscheidung konnte man insbesondere nach 1981 beobachten. Dem Sieg Präsident Mitterrands waren in Frankreich Wahlen zur Nationalversammlung gefolgt, die eine beträchtliche sozialistische Mehrheit ergaben. Diese kam in euphorischer Stimmung an die Macht und versuchte, ein weitgehendes Sozialisierungsprogramm durchzuführen. Bald allerdings stellte sich heraus, daß dies gegen die Römischen Verträge verstieß und daher illegal war. So wurden die französischen Sozialisten daran gehindert, ihr ganzes Programm zu verwirklichen, was sich schon nach zwei Jahren als segensreich erwies.

Als nämlich die katastrophalen Folgen sozialistischer Politik sichtbar wurden, gab es noch weite Gebiete der französischen Wirtschaft, die intakt geblieben waren. Heute

geben die meisten vernünftigen französischen Sozialdemokraten zu, daß die Europäische Gemeinschaft damals ihr
Land gerettet hat.

Ähnliche Grundsätze müssen auch die kommenden Verträge beinhalten. Der Mensch ist von Natur aus eher
Zentralist als Föderalist. Ist er einmal wirklich ehrlich
gegen sich selbst, was nicht immer leicht fällt, wird er
erkennen, daß er von der eigenen Auserlesenheit überzeugt ist. Auch weiß er, daß er gescheiter ist als der
Nachbar, und nicht zuletzt ist er ja auch gütig. Das bedeutet in der Praxis, daß jeder Mensch, wenn er eine Stellung
größerer Verantwortung innehat, von Natur aus danach
trachten wird, alles an sich zu ziehen, weil er davon überzeugt ist, daß seine Entscheidungen auf jeden Fall besser
sind als diejenigen der anderen. Der Kampf für den Förde-
ralismus geht daher in gewisser Weise gegen die menschli-
che Natur.

Andererseits ist klar, daß die Freiheit in der Gemeinschaft
nur durch den Schutz der kleineren Einheiten, also der
Familien, Volksgruppen, Gemeinden und Regionen, gesichert werden kann. Je näher eine Entscheidung an die
unmittelbar Betroffenen herangetragen wird, desto wahrscheinlicher ist es, daß diese im freiheitlichen Sinne er-
folgt. Dezentralisierung ist demnach eine Vorbedingung
zur Erhaltung der Freiheit. Es wird daher bei den nächsten
Verträgen auf EG–Ebene wesentlich sein, daß sie föderali-
stisch und nicht weiterhin zentralistisch orientiert sind.

Der seinerzeitige Einbau der sozialen Marktwirtschaft in
die Römischen Verträge hat dazu geführt, daß sie in der
ganzen Europäischen Gemeinschaft nunmehr die Regel
ist; man müßte somit auch in den Fragen der Freiheit und

der politischen Strukturen ähnlich vorgehen. Man sollte in den kommenden europäischen Vertrag den Grundsatz einbringen, daß in der Politik wie in der Wirtschaft die größere Einheit niemals Aufgaben übernehmen darf, die eine kleinere zufriedenstellend erfüllen kann. Dieses Prinzip müßte einklagbar sein.

Der Europäische Gerichtshof hat immer wieder gezeigt, daß er, auch in den kritischen Zeiten und gegen den Druck der Regierungen, an den Grundsätzen der Verträge festhält. Würde man daher das Subsidiaritäts-Prinzip zu einem Teil der künftigen europäischen Verfassung machen, wäre der Föderalismus gesichert.

Zentralismus hingegen ist nichts anderes als die Machtergreifung der Bürokratie in allen Lebensbereichen, und er führt nicht nur zum Verlust der Freiheit, sondern auch zur Monotonie. Ein Musikstück aus nur einem Ton ist auf die Dauer unerträglich, Schönheit und Harmonie stammen aus der Vielfalt.

Diese Erkenntnis ist nicht neu, wurde von den Jakobinern aller Schattierungen aber verdrängt. Die Rückkehr Mitteleuropas – der politischen Heimat des Föderalismus – in die größere Gemeinschaft wird jedoch dem Gedanken neuen Auftrieb geben.

Nationale Spannungen

Es ist eine geschichtlich erwiesene Tatsache, daß Diktaturen bisher so gut wie niemals Probleme gelöst haben. Ihnen ist es bloß gelungen, diese zu verdecken. Diese Feststellung illustriert die geschichtliche Erfahrung, daß nur ein glücklicher Kompromiß echten Fortschritt bringt. Gelingt es einer Partei, alle ihre Ziele durchzusetzen, wird es zwangsläufig Unzufriedene geben. Im guten Kompromiß demgegenüber muß jeder ein wenig nachgeben, erhält aber auch etwas. Diesbezüglich hat der weise Kaiser Franz einmal gesagt: »Ich weiß, daß ich gut regiert habe, wenn alle meine Völker gleichermaßen mäßig unzufrieden sind.«

Ein praktisches Beispiel aus der Zeit nach dem Ersten Weltkrieg war die Schaffung der Tschechoslowakei. Professor Masaryk und Beneš hatten versprochen, diese würde eine neue Schweiz werden. Sie haben ihre Zusage aber nicht eingehalten. Das Ergebnis war, daß wohl die Tschechen relativ zufrieden sein konnten, dafür aber die Slowaken und die Deutschen leer ausgingen. Das war kein glückliches Fundament für einen neuen Staat. Man weiß um dessen trauriges Ende im Jahre 1938.

Über eine ganze Weile war auf dem alten Kontinent von

Spannungen zwischen den Nationalitäten wenig die Rede. Es gab wohl gewisse, als lokal empfundene Probleme in Westeuropa, wie etwa im Baskenland oder in Belgien, aber im allgemeinen war es in dieser Hinsicht ruhig.

Das aber wird sich nun als Ruhe vor dem Sturm erweisen. Erstaunlich ist nur, daß man diesbezüglich im Westen überrascht wurde. Wer sich nur ein bißchen mit der Problematik befaßt hat, wußte bereits seit langem, daß sich nach Ende der Jalta-Ordnung die alten Fragen verschärft stellen würden.

Diejenigen in der EG, die etwas Erfahrung mit Mittel- und Osteuropa haben, schlagen bereits seit Jahren vor, man solle rechtzeitig die Lösung der Nationalitätenfragen vorbereiten. Deshalb sind – vor allem von meinem Südtiroler Kollegen Joachim Dalsass – eine Anzahl von Anträgen im Europa-Parlament eingebracht worden.

Zwei von ihnen erlangten sogar einen gewissen Erfolg, allerdings auf Nebenschauplätzen. Diese hatten dennoch ihre Bedeutung. Die Errichtung des Europäischen Büros für Minderheitenfragen und bestimmte kulturelle Förderprogramme der EG-Kommission gehen eindeutig auf das Konto der Berichte, die der Italiener Arfé und der Belgier Kuijpers in der Folge der erwähnten Anträge erstellt hatten. Kuijpers und Arfé schafften es, das Thema Minderheitensprachen aus der Sphäre geistvoller Erörterungen auf den wesentlich solideren Boden des EG-Haushaltes herunterzuholen.

Weitergehende Anträge aber, die die Schaffung eines europäischen Volksgruppenrechts forderten, wurden jedes Mal durch die zentralistischen Kräfte zu Fall gebracht. Das war im ersten Parlament das Schicksal des Goppel-

Berichtes und im zweiten des Stauffenberg-Berichtes. Sozialistische Technokraten und linke wie angeblich rechte Jakobiner, die weitgehend den Rechtsausschuß des Parlamentes kontrollierten, haben jedesmal durch Geschäftsordnungstricks und durch Hinauszögern der Abstimmung eine konstruktive Lösung unmöglich gemacht.

Das war eine ungemein kurzsichtige Politik. Es ist nämlich eine alte Erfahrung, die insbesondere in Österreich-Ungarn im Zusammenhang mit dem Mährischen Ausgleich gemacht wurde, daß eine wirkliche Lösung des Nationalitätenproblems nur großräumig möglich ist. Bis heute war zweifellos der schon erwähnte Mährische Ausgleich von 1905 zwischen Tschechen und Deutschen das Beste, was je auf diesem Gebiet geleistet worden ist. Er hat auch in Mähren gut funktioniert. Leider gab es nicht genug Zeit, um vor dem Ausbruch des Ersten Weltkrieges seine Grundsätze auf ganz Österreich auszudehnen. Wäre das gelungen, wäre eine nationale Entspannung eingetreten, die die politische Großwetterlage möglicherweise verbessert hätte. So aber wurde die lokale Lösung wesentlich erschwert, weil die Gegensätze von außen – etwa aus Böhmen , wo man sich noch nicht ganz geeinigt hatte – jeweils wieder hereingetragen wurden.

Diese Gefahr droht aber auch in unserer Gemeinschaft und darüber hinaus, wenn man nicht endlich ein europäisches Volksgruppenrecht auf der Grundlage der Entwürfe von Alfons Goppel und Graf Stauffenberg verabschiedet. Bereits im Goppel-Text von 1984 wird unter Berufung auf die »vierzig Millionen Bürger der Europäischen Gemeinschaft, die Volksgruppen angehören«, ein

Volksgruppenrecht gefordert, das den folgenden Grundsätzen gerecht wird:

a) Jede nationale und ethnische Gruppe hat den Anspruch, sowohl in der Europäischen Gemeinschaft als auch in jedem EG-Mitgliedsstaat als Einheit mit kulturellen, sozialen und politischen Rechten anerkannt zu werden;
b) jede Volksgruppe hat das Recht auf uneingeschränkten Gebrauch der eigenen Sprache in allen privaten, gesellschaftlichen oder wirtschaftlichen Beziehungen und in der Öffentlichkeit;
c) jegliche Diskriminierung von Volksgruppen und von denen, die ihnen angehören, ist verboten, wie:
d) jede Vertreibung, Zwangsassimilierung oder Vernichtung von Volksgruppen;
e) künstliche Veränderungen der demographischen Zusammensetzung eines Gebietes, in dem eine Volksgruppe ansässig ist.

Die Volksgruppen-Charta soll laut Goppel »im Grundrechtskatalog für die beabsichtigte Europäische Union enthalten sein« und »ein Hilfs- und Schutzmodell für Volksgruppen in ganz Europa«, also auch außerhalb der EG, schaffen. Der bayerische Altministerpräsident schlug außerdem vor, beim Europa-Parlament eine Arbeitsgruppe aus Europa-Abgeordneten und hinzugewählten Volksgruppenvertretern einzurichten und jährlich eine Anhörung zu diesem Thema zu veranstalten.
Graf Stauffenberg baute dieses Konzept noch aus, indem er rechtliche Definitionen und Abgrenzungen vornahm und einen detaillierten Entwurf zum Abschluß eines ent-

sprechenden Vertrages durch die EG-Mitgliedsstaaten niederschrieb.

Inzwischen ist es den Bremsern gelungen, die Straßburger Arbeiten am Volksgruppenrecht weiter zu verlangsamen. Doch Gefahr ist im Verzug: Nach den Ausschreitungen der Serben im Kosovo sollte man auch in der EG verstehen, daß der letzte Augenblick gekommen ist, um echte Lösungen zu finden, bevor es zu spät ist.

Es handelt sich hier also um eine wesentliche Vorbedingung einer dauerhaften großeuropäischen Friedensordnung. Es wäre daher an der Zeit, alles zu tun, damit vor neuerlichen Beitritten zur EG in den Staaten, die heute noch mehrere Völker in ihren Grenzen beherbergen, deren Aussöhnung herbeigeführt wird. Man sagt, durch das Selbstbestimmungs- und Volksgruppenrecht würde ein Element des Nationalismus in die Gemeinschaft hereingetragen werden. Doch das stimmt nicht. Dieser entsteht erst, wenn man das Selbstbestimmungsrecht verweigert. Gerade in einer kontinentalen Gemeinschaft ist es relativ einerlei, ob größere oder kleinere Staatsgebilde als Mitglieder aufscheinen. In der heutigen EG gibt es schon gewaltige Unterschiede. Man braucht nur Deutschland mit Luxemburg zu vergleichen und sieht: Auch kleine Völker sind in der EG zugleich frei und sicher. Man muß aber eindeutig feststellen, daß Staaten, in deren Grenzen es heute noch schwere nationale Gegensätze gibt, für die Europäische Gemeinschaft nicht reif sind.

ZWISCHENSTRUKTUREN

Wo viel Licht ist, dort ist viel Schatten. Das gilt auch für die neuentbrannte Mitteleuropa-Diskussion. Es ist sicher mehr als erfreulich, daß, nachdem die rote Sintflut verschwunden ist, die alten Berge und Täler wieder hervortreten. Natürlich sind sie zum Teil verschlammt, zum Teil verändert, doch im wesentlichen existiert das alte Mitteleuropa wieder. Dies verführt allerdings auch zu einer romantischen oder gar reaktionären Betrachtungsweise gewisser Phänomene, die einfach nicht mehr ins zwanzigste und einundzwanzigste Jahrhundert passen.

Darunter fällt vor allem das Konzept eines eigenständigen mitteleuropäischen Zusammenschlusses, aber auch die alte Idee einer Donauföderation oder eines multilateralen Abkommens nach dem Muster der nunmehr entstandenen Pentagonale zwischen Italien, Österreich, Jugoslawien, der Tschecho-Slowakei und Ungarn. Letztere ist schon deshalb kaum handlungsfähig, weil Jugoslawien neben der Sowjetunion der kranke Mann Europas ist und auch zwischen den übrigen Staaten die Interessen vielfach auseinanderlaufen. Nichts gegen eine solche Kooperation, aber sie ersetzt keineswegs die gesamteuropäische Einigung mit der EG als Ausgangspunkt.

In der Zwischenkriegszeit war es sicher richtig, eine Donauföderation zu propagieren, und auch im Kampf gegen Hitler und später gegen die sowjetischen Bestrebungen, die Nach-Hitler-Ära für Moskaus Vorherrschaftspläne auszunutzen, hatte dieses Konzept eine gewisse Bedeutung. Doch schon damals wäre es darauf angekommen zu vermeiden, daß die Mitteleuropa-Bewegung in Gegensatz zu paneuropäischen Forderungen nach einem kontinentalen Bund gerät.

Österreich-Ungarn und vorher das von Wien oder Prag aus regierte Heilige Römische Reich hatten jahrhundertelang die Funktion eines Schutzschildes gegenüber den heranstürmenden Horden aus dem Osten übernommen. Sie leisteten damals dem Abendland einen unschätzbaren Dienst, ohne den es nicht hätte überleben können. Die Zerschlagung dieser Einheit und die Balkanisierung des Donauraumes war ohne Zweifel eine der Hauptursachen nicht nur für den Zweiten Weltkrieg, sondern auch für die anschließende sowjetische Okkupation dieser Gebiete.

Mein Vater hat nach der Vertreibung aus seinem Reich mehrfach bei den westlichen Siegermächten interveniert, um ihnen klarzumachen, wie verhängnisvoll eine Zerschlagung dieser historisch gewachsenen Einheit sein mußte. Wenn man die damaligen Quellen liest, sieht man: Es ging nicht um die Krone, beziehungsweise um Staatsformen, sondern vielmehr um Gesetze der Geopolitik. Er sprach folgerichtig von einem Vakuum an der Donau, das – wie er 1920 prophezeite – erst Deutschland und dann Rußland ausfüllen würden. Doch der Haß und die Verblendung waren so groß, daß er mit seinen Argumenten nicht durchdrang, von einigen wenigen westlichen Politikern abgesehen, die ihn ermutigten, auf den

ungarischen Thron zurückzukehren, was schließlich miß-
lang.

Auch heute muß und wird der Donauraum wieder zusammenwachsen, doch seine sicherheitspolitische Funktion ist
längst auf die gesamteuropäische Ebene übergegangen,
wobei auch hier erst schwache Ansätze vorhanden sind.
Schon nach der ersten Balkanisierung, die diesem Vorgang
ihren Namen gab, nämlich der Vertreibung des Osmanischen Reiches aus Südosteuropa, waren die nationalistischen Spannungen drastisch angewachsen. Daran zerbra-
chen schließlich das in Österreich-Ungarn zusammenge-
faßte Mitteleuropa und die alte europäische Ordnung.

Angesichts der heutigen Gefahren wäre eine Beschrän-
kung auf einen mitteleuropäischen Bund demnach erst
recht gefährlich. Der Balkan der Zukunft ist nämlich die
zerfallende Sowjetunion sowie jenes strategische Vakuum, das sich von Afghanistan, Russisch-Zentralasien
und Iran bis nach Nordafrika zieht. Hier entsteht der
größte Balkan der Menschheitsgeschichte, dem wir nur
durch eine kontinentale Zusammenarbeit und eine paneuropäische Verteidigungsgemeinschaft vom Atlantik bis an
die Grenzen Rußlands begegnen können, wobei wir außerdem außereuropäische Partner brauchen.

Die Notwendigkeit eines radikalen Umdenkens in der
Sicherheitspolitik zeigt sich auch am Verfall des Wortes
Neutralität. Diese war durchaus sinnvoll, als die Sowjets
im Herzen Europas standen und Wien den Preis für seine
Befreiung zahlen mußte. Heute sind andere Konzepte
geboten. Im Zeitalter der Interkontinentalraketen, der
chemischen und biologischen Waffen sowie der weltweiten
politischen Bedrohungen zeugt die typisch mitteleuro-

päische Tendenz zum Neutralismus oder zum Rückzug in die Kaffeehausidylle verflossener Literatenherrlichkeit von einer Mentalität, die sich von den Schlacken der Vergangenheit noch nicht freigemacht hat.

Natürlich können regionale Bünde sowohl als Zwischenschritt als auch als grenzüberschreitende Zusammenfassung benachbarter Völker ihren Sinn haben. Doch wer glaubt, die Erinnerung an vergangene Größe ersetze die praktische Europapolitik, befindet sich auf dem Weg in die außenpolitische Bedeutungslosigkeit und liefert damit unseren Kontinent und seine Mitte wieder fremden Kräften aus.

Nach jahrzehntelanger Fremdbestimmung hat Mitteleuropa nur als Teil Gesamteuropas eine Chance, endlich sein Schicksal in die eigenen Hände zu nehmen, wie es seiner großen Tradition würdig ist.

IM WESTEN NICHTS NEUES?

Die populäre Musik, also das, was man früher einmal Gassenhauer genannt hat, ist auch vom politischen und soziologischen Gesichtspunkt aus interessant. Mehr als vieles andere zeigt sie nicht nur die Stimmung in der Bevölkerung an, sondern ist auch ein Zeichen für die Verschiebung der Gewichte in der Welt zwischen Staaten und Nationen.

So ist es zum Beispiel aufschlußreich festzustellen, daß während und nach dem Ende des Zweiten Weltkrieges amerikanische Komponisten den Markt fast vollständig beherrschten. Allerdings handelte es sich nur oberflächlich betrachtet um Künstler aus der Neuen Welt, da diese »Amerikaner« fast ausnahmslos Juden aus Mitteleuropa waren. Hier zeigte sich auf einem Teilgebiet, was Hitler mit seiner Judenverfolgung an der europäischen Kultur verbrochen hat. Andererseits bewies diese einseitige Ausrichtung auf die USA, wie sehr man damals in Europa alles mit Begeisterung aufnahm, was von Übersee kam. Das war so bis zum Ende der fünfziger Jahre und auch noch in den Sechzigern, bis die Amerika–Begeisterung im Gefolge des verlorenen Vietnam-Krieges abbrach.

Seither bemerkt man eine Verschiebung der Schlagermusik nach Europa. Zwar sind viele Lieder noch immer in englischer Sprache, aber auch hier entwickelt sich zunehmend sprachliche Vielfalt. Die Kompositionen jedenfalls stammen immer häufiger aus der alten Welt, wobei vor allem die Engländer und Italiener wieder jene führende Rolle übernommen haben, die sie in vergangenen Jahrhunderten mehr denn einmal innehatten.

Nicht minder interessant ist die Verschiebung der Thematik. Das begann mit der sexuellen und gesellschaftspolitischen Revolution, deren erstes unverkennbares Zeichen Woodstock war. Diese Strömung hat sich dann mächtig ausgedehnt, bis sie schließlich Überdruß und Langeweile erzeugte und daher verebben mußte. Das war übrigens vorherzusehen, denn gewisse Dinge lassen sich einfach nicht potenzieren. Am Höhepunkt angelangt, ist der Abstieg unvermeidlich.

Die sexuelle Revolution wurde dann durch den Weltschmerz, ja durch die Weltuntergangsstimmung ersetzt. Das bezeichnendste Lied dafür war »In the year twenty-five, twenty-five«, in dem das Ende der Welt im Gefolge der Verschmutzung und der Technologie besungen wird. Das hat sich dann eine Weile in verschiedenen Formen wiederholt, bis auch diese Masche abgenutzt war.

Darauf kam eine milde Welle, die durch das Lied »Une histoire d'amour« eingeleitet wurde. Da handelte es sich um Themen der Liebe, die aber nicht in den pornographisch-brutalen Formen der Jahre zuvor abgehandelt wurden. Auch der Ausklang war wesentlich positiver als in den Tagen des institutionalisierten Weltschmerzes.

Nunmehr beginnt wahrscheinlich eine andere Phase, die durch das neue europäische Selbstverständnis gekenn-

ist. Anzeichen dafür ist jener internationale Wettbewerb, der uns stets das Lied des Jahres beschert. 1990 hat ein italienisches Lied den Sieg davongetragen, dessen Titel »Insieme« – also »gemeinsam« – sehr bezeichnend ist. Es ist dies eine Hymne auf Europa, auf den Zusammenschluß der europäischen Völker und auf alles, was das für uns bedeutet. So gesehen, ist mit großer Wahrscheinlichkeit anzunehmen, daß bei den Schlagern nunmehr europäische Themen um sich greifen könnten, also das Selbstbewußtsein unseres Erdteiles zum Ausdruck kommen wird.

Diese Entwicklung ist nicht nur die Folge des von der EG erzielten Durchbruchs mit dem kommenden großen Markt von 1992. Sie ist auch auf die Befreiung Mittel- und Osteuropas zurückzuführen, die zum ersten Mal vielen Europäern jenseits der Wirtschaft die größere geistige, politische und kulturelle Gemeinschaft gezeigt hat. Hier entsteht ein neues Bewußtsein, das sich besonders bei der jüngeren Generation durchsetzt.

Man kann daher mit einer gewissen Berechtigung annehmen, daß wir eine Wende erleben. Die Zeit des Euro-Pessimismus ist vorbei, sieht man einmal von den Ängsten beim wirtschaftlichen Wiederaufbau Mittel- und Osteuropas ab. Die Menschen fühlen, daß sie heute wieder etwas in der Welt darstellen, daß unsere Völker eine große Leistung vollbracht haben und daß man sich nunmehr als Europäer wieder einen aufrechten Gang angewöhnen kann. Nach der Zeit der Saat kommt jene der Ernte. Daß diese Erkenntnis in der Bevölkerung zumindest unterschwellig vorhanden ist, zeigt der Umschwung in der Musik. Vor allem für junge Menschen sind das freie, unbehinderte Reisen und der nationenübergreifende Kulturaustausch selbstverständlicher Teil ihres europäischen Lebensgefühls.

Dabei ist die ersehnte Freizügigkeit in Europa noch längst nicht perfekt. Mit dem Nahen der »Vollendung des Europäischen Binnenmarktes« am 1. Januar 1993 setzt erneut die Diskussion über die Kontrollen an den Grenzen ein. Es ist nämlich in den Verträgen relativ eindeutig festgelegt, daß die Schlagbäume innerhalb der Gemeinschaft fallen müssen. An den Grenzen zwischen den fünf Schengener Vertragsstaaten ist dies bereits weitgehend geschehen – also zwischen Deutschland, Frankreich und den Benelux-Staaten. Dennoch droht mancherorts ein Rückschlag. Es gibt nämlich viele Menschen, die eine solche Maßnahme scheuen und aus den verschiedensten Gründen verlangen, daß man diesen wichtigen Schritt auf spätere Zeiten verschieben solle. Was das praktisch heißt, kann sich jeder vorstellen.

Die meisten ins Treffen geführten Gründe sind überhaupt nicht stichhaltig. So wird behauptet, man brauche die Grenzkontrollen, um Terroristen und Rauschgifthändler zu fangen. Niemand allerdings hat bisher die Frage beantwortet, warum es in den Vereinigten Staaten, die die gleichen Probleme wie wir haben und die außerdem noch an Ausdehnung wesentlich größer sind, keinen Menschen gibt, der auf den Gedanken käme vorzuschlagen würd, man möge Kontrollen an den Grenzen der einzelnen Staaten errichten, um Verbrecher zu erwischen.

Dazu kommt ein zweiter, nicht minder bedeutender Grund. Die Rohstoffe, aus denen man Rauschgifte erzeugt, stammen fast ausschließlich aus Übersee. Gefahr besteht daher nicht so sehr innerhalb als vielmehr an den

Außengrenzen der Gemeinschaft. Dabei kann man feststellen, daß heute die EG an allzu vielen Orten nach außen hin erstaunlich offen ist, während an den Binnengrenzen noch immer die Zollbeamten ihre angebliche Aufgabe erfüllen.

Die Aufrechterhaltung der Binnenkontrollen ist übrigens eine schwere Belastung für unsere Zollbeamten und Sicherheitskräfte. Wer heute von einem EG-Land in ein anderes fährt, sieht immer wieder das gleiche traurige Bild. Da sitzt der Uniformierte in seinem Glasturm und döst vor sich hin oder löst Kreuzworträtsel, weil ihm nichts Sinnvolles mehr zu tun bleibt. Kommt ein Auto, winkt er es müde weiter und behindert dabei allenfalls den Verkehr. Gerade unsere Grenzer sind aber in der Regel eine Elite unter den Beamten. Sie sind daher mehr als andere zutiefst bedrückt, weil sie keine vernünftige Aufgabe mehr erfüllen können. Sie sind, wie man heute so schön sagt, »frustriert«. Dabei gäbe es doch ein weites Gebiet für sie an den Außengrenzen Europas, die vielfach Küsten sind. Dort wäre noch sehr viel zu tun, um diese wirkungsvoll gegen Rauschgifthändler, Terroristen und Scheinasylanten zu sichern.

Es kommt hinzu, daß die Verfolgung von Verbrechern durch die heutige Praxis an den Grenzen sogar unnötig erschwert wird. Es ist nämlich eine unleugbare Tatsache, daß, während unsere Staaten noch in den Kategorien des 19. Jahrhunderts denken, die Verbrecher längst schon mit den Methoden des 21. arbeiten. Sie könnten wirkungsvoll nur dann bekämpft werden, wenn es grenzüberschreitende Polizeiaktionen, beziehungsweise einen europäischen Rechtsraum gäbe. Gegen diesen aber sträuben sich verschiedene Regierungen unter gänzlich unverständlichen Vorwänden. In Wahrheit könnte man erst dann den Terroristen und der Mafia wirklich zu Leibe rücken, wenn wir endlich einen einzigen Raum bilden, in dem die Missetäter keinen sicheren Zufluchtsort mehr finden. Solange aber überflüssige Grenzen die Polizeioperationen behindern, während die Verbrecher diese gar nicht zur Kenntnis nehmen, wird man zu keiner wirkungsvollen Verbrechensbekämpfung gelangen können.

Alle Argumente sprechen also dafür, zu Beginn 1993 die Grenzkontrollen an den Binnengrenzen der EG endgültig aufzuheben und gleichzeitig den Europäischen Rechtsraum – vielleicht sogar über die EG hinaus – zu schaffen. Das wäre auch psychologisch sinnvoll. Man darf nicht übersehen, daß Symbole für die Bürger und ihre Entscheidungen von großer Bedeutung sind. Würde man den Binnenmarkt verkünden, gleichzeitig aber die Grenzkontrollen weiter aufrechterhalten, so würden begreiflicherweise die Menschen dafür kein Verständnis aufbringen. Sie würden wieder einmal einen Betrug der Regierungen vermuten und daher von Europa und dessen Einigung enttäuscht sein. Das muß auf jeden Fall vermieden werden.

Die europäische Politik ist aufgefordert, auch in allen Fragen der Einigungsbewegung von den Worten zur Tat zu schreiten und bindend zu erklären, daß am 1. Januar 1993 die längst überfälligen Binnengrenzen zwischen den Mitgliedsstaaten der EG verschwinden werden. Erst dann wird der Unmut über »Europa« abklingen und einem tatsächlichen gemeinsamen Bewußtsein Platz machen, wie es zukunftsweisend in dem Lied »Insieme« zum Ausdruck kommt.

Durch die Entwicklung in Mittel- und Osteuropa und anschließend die Golfkrise haben viele die EG-Politik aus den Augen verloren. Dies ist ein schwerwiegender Fehler; denn Europa ist zu wichtig, um es den Bürokraten oder auch den Politikern zu überlassen. Fast jeden Tag fällt in Brüssel oder Straßburg eine Entscheidung, ohne daß dies richtig zur Kenntnis genommen wird. Der Niederschlag der EG-Aktivitäten in den Medien ist relativ gering. Manchmal entsteht daher der Eindruck, es gebe »im Westen nichts Neues«. Das ist jedoch ein gefährlicher Trugschluß. Erst die praktische EG-Arbeit schafft die Grundlage, aus dem unterschwelligen »Wir-Gefühl« der europäischen Jugend einen echten europäischen Patriotismus zu machen, der den Belastungen der Zukunft standhält.

KEIN EUROPÄISCHES HAUS

In den letzten Jahren ist das Schlagwort vom »europäischen Haus« immer mehr Allgemeingut geworden. Wer diesbezüglich Zweifel anmeldet und sich fragt, was in Wirklichkeit hinter dem Ausdruck steht, wird als lästiger Störenfried empfunden.

Jeder glaubt, der Ausdruck »europäisches Haus« stamme von Michail Gorbatschow. Das ist falsch. Soweit feststellbar, geht er eindeutig auf Leonid Breschnjew zurück, der ihn am 23. November 1981 verwendete. Nach ihm übernahm den Terminus 1983 dessen Außenminister Andrej Gromyko. Gorbatschow hat, soweit derzeit bekannt, davon erst im Jahre 1984 gesprochen.

Dieser Begriff ist, wie alle sowjetischen Propagandaschlagworte, bewußt unklar. Er erlaubt die verschiedensten Auslegungen. Es ist daher geboten, ihn genau zu untersuchen und seine eigentliche Bedeutung zu erfassen.

In der Vergangenheit gab es dieses schöne »Haus« nicht. Im Gegenteil, die Sowjetunion hat sich gegenüber dem Westen des europäischen Kontinentes nach Möglichkeit abgeschottet. Gleichzeitig verfolgte sie eine offensive Politik. Sie verwehrte es den freien Ländern, in ihre »inneren Angelegenheiten« einzugreifen, auch wenn es galt, Verstöße gegen die KSZE-Schlußakte – etwa in Menschenrechtsfragen – festzustellen. Gleichzeitig hat Moskau aber stets unter Berufung auf die demokratischen Freiheiten seine Satellitenparteien in den westlichen Staaten finanziert. Die Dinge änderten sich erst, als man in der Sowjetunion erkennen mußte, daß die große Existenzkrise nahte. Als Gorbatschow den Aufstand im asiatischen Teil der UdSSR kommen sah, suchte er eine Annäherung an Europa.

In dieser Perspektive will nunmehr Moskau das weiße Element in der UdSSR stärken. Das läßt sich aber, wie im Kapitel über die UdSSR dargelegt, nicht machen, denn die Zahl der Russen geht ständig zurück, während jenseits des Urals eine Bevölkerungsexplosion stattfindet. Es ist daher durchaus verständlich, daß sich die Machthaber im Kreml nach Hilfsvölkern für den nahenden Konflikt umsehen.

Der Autor sprach vor wenigen Jahren mit einem führenden bulgarischen Kommunisten. Dieser gab unumwunden zu, seine größte Sorge sei es, daß seine Kinder dereinst in Sibirien im letzten Kolonialkrieg der Menschheit verbluten müßten.

Realistisch gesehen bedeutet daher das Wort »europäisches Haus« für die Nomenklatura nichts anderes als den Versuch, Westeuropa zum Hilfswilligen für die Erhaltung des großrussischen Reiches zu machen. Es ist das also keineswegs Ausdruck einer europäischen Einstellung, sondern des Imperialismus, der die Politik der Sowjetunion seit ihrer Gründung durch Lenin charakterisierte.

Wie wenig der Begriff des »europäischen Hauses« für Moskau tatsächlich von Bedeutung ist, zeigt die Diskrepanz zwischen Worten und Taten. Man hört immer wieder von Glasnost. Das klingt schön und wird oftmals als bare Münze angenommen. Die Wirklichkeit allerdings sieht anders aus.

Angeblich befand sich die UdSSR 1990 schon auf dem Weg zur Demokratie. Es hat daher auch in den rechtswidrig besetzten baltischen Staaten Wahlen gegeben. Diese fanden in den ersten Monaten desselben Jahres statt. Die damals noch oppositionellen Parteien im Baltikum hatten Abgeordnete der Europäischen Gemeinschaft gebeten, Beobachter in ihre Staaten zu entsenden. Einer Delegation, der auch ich angehörte, wurde aber die Einreise verweigert – unter dem Vorwand, wir dürften nur auf Einladung des sowjetischen Außenministeriums fahren. Was ist das für ein »europäisches Haus«, in dem man noch immer nicht von einem Zimmer ins andere gehen darf, nur weil es den Moskauer Potentaten nicht gefällt!

Man sollte nicht vergessen, daß Gorbatschow einen Gutteil seiner politischen Karriere im Rahmen der Geheimpolizei KGB hinter sich gebracht hat, und diese ist weiß Gott kein christlicher Verein für Nächstenliebe. Überhaupt illustriert der Fall Gorbatschow, wie bei uns mit zweierlei Maß und verschiedenen Gewichten gemessen und gewogen wird. Wenn irgend jemand eine antisemitische Äußerung von sich gibt oder eine solche, die als antisemitisch gedeutet werden kann, wird ihm dies mit Recht angelastet. Bei Gorbatschow demgegenüber wurden die schärfsten Ausfälle gegen die Juden nicht einmal zur Kenntnis genommen. Wer zum Beispiel weiß bei uns, daß Gorbatschow am 27. Januar 1953 im Organ des

Komsomol einen Artikel gegen »Mörderärzte und andere Zionisten« geschrieben hat?

Natürlich wird heute behauptet, er sei nicht gegen die Juden, sondern nur gegen die Zionisten aufgetreten. Das ist eine billige Ausrede. Heute sagen die Antisemiten aller Couleur, sie seien »nur gegen Israel«. Auch ist bezeichnend, daß dieser Artikel Gorbatschows zu einer Zeit geschrieben wurde, als der Stalinismus herrschte und die Judenhetze jungen aufstrebenden Kadern nur nutzen konnte, weil sie dem Tyrannen gefiel.

Ob man sich ausgerechnet einen solchen Architekten für das »europäische Haus« wünschen sollte, ist trotz des Friedensnobelpreises zumindest sehr zweifelhaft. Auf jeden Fall aber wäre es geboten, bevor man sich das Schlagwort zu eigen macht, zu fragen, durch wen, wie und warum dieses auf die Welt gebracht wurde. Dann würde man erkennen, daß es sich hier um eine Falle handeln kann, in die wir treten müssen, wenn wir die Augen nicht offen halten.

Doch was ist die Alternative zum vielgepriesenen »europäischen Haus«? Die zu große und zu unverbindliche KSZE, die auch Nordamerika und die Sowjetunion umfaßt, ist es bestimmt nicht und auch die von Mitterrand vorgeschlagene »gesamteuropäische Föderation« dürfte kaum genügen; denn der Franzose denkt dabei offenbar nur an einen recht lockeren Bund.

Besser wäre es, auf bestehende Organisationen zurückzugreifen, zumal deren Vielfalt schon für ziemliche Verwirrung sorgt.

Eine der größten Schwierigkeiten, die europäische Politik den Bürgern zu vermitteln, ist oftmals die Tatsache, daß die meisten Menschen die Unterschiede zwischen den verschiedenen Organen der Europäischen Gemeinschaft und anderen europäischen Zusammenschlüssen gar nicht kennen.

Natürlich darf man dieses Problem nicht dramatisieren. Wenn man in Deutschland oder Österreich hundert Menschen auf der Straße fragen würde, wie es um die Institutionen des jeweiligen Staates bestellt ist, würden bestenfalls fünf Prozent eine richtige Antwort geben. Da Europa vom Wähler noch etwas weiter als das nationale Parlament entfernt ist, darf es daher nicht erstaunen, daß die Mehrheit den Unterschied zwischen dem Europäischen Parlament und der EG-Kommission nicht ganz erfaßt, vom Europarat, der nichts mit dem Ministerrat der EG zu tun hat, ganz zu schweigen. Diese beiden werden genauso verwechselt wie das Europäische Parlament und die »beratende Versammlung« des Europarates. Sogar diejenigen, die wissen, daß es sich um zwei verschiedene Einrichtungen handelt, sind gewöhnlich nicht in der Lage, genau zu sagen, wie die Aufgaben zwischen den einzelnen Institutionen verteilt sind.

Der Unterschied liegt in der Tatsache, daß das Europäische Parlament für die EG gewählt wird, während der Europarat über diesen Raum hinausgreift. Letzterer hat eine Anzahl von Mitgliedern, die nicht der Gemeinschaft angehören. Dazu kommt ferner, daß die Versammlung des Europarates nur ein beratendes Organ ist. Das Europa-Parlament hat demgegenüber – wenn auch nicht gesetzgeberische Zuständigkeiten, wie man sie auf nationaler Ebene kennt – so doch aber eine legislative Mitentscheidungskompetenz und das Recht, Verträge zu ratifizieren oder zu verwerfen. Dies sichert ihm einen großen Einfluß auf das Leben in der EG.

Darüber hinaus gibt es einen weiteren Unterschied, den man oftmals übersieht. Es ist eine bedauerliche Tatsache, daß sich das Europäische Parlament wenig mit kulturellen Fragen befaßt. Seine Arbeitsschwerpunkte liegen vor allem auf den Gebieten der Politik und der Wirtschaft. Zwar bestehen zumindest grundsätzlich gewisse Aufgaben im kulturellen Bereich, diese sind aber in den bisherigen Legislaturperioden des Europa-Parlamentes stiefmütterlich behandelt worden.

Der Europarat demgegenüber hat sich seit Jahren, allerdings nur konsultativ, mit Fragen der Kultur befaßt. Er hat dabei ausgezeichnete Arbeit geleistet, auch wenn es nur zu viele nicht zur Kenntnis nehmen. Er verfügt über eine gute, tüchtige Verwaltung, die eine Anzahl von interessanten Vorschlägen entwickelt hat. Leider wurden diese oftmals nicht in Taten umgesetzt, weil eben die Versammlung des Europarates nur beratende Funktion hat.

Europäisches Parlament und Europarat sind Organisationen, die leider nur zu oft als Rivalen auftreten, sich aber in Wirklichkeit in vielen Dingen ergänzen. Das gilt nicht nur für die größere Ausdehnung des Europarates, sondern ebenso für jene kulturelle Arbeit, die früher oder später, ganz sicher aber nach Inkrafttreten des Binnenmarktes, größere Bedeutung als bisher erlangen wird.

Dazu kommt eine weitere Überlegung: Im Gefolge der Einheitlichen Europäischen Akte und des zum 1. Januar 1993 geschaffenen Binnenmarktes wird früher oder später – wahrscheinlich eher früher als später – eine grundlegende Reform der Institutionen der Europäischen Gemeinschaft geboten sein. Letztere können den wachsenden Aufgaben der potentiellen europäischen Großmacht nicht mehr entsprechen. Daher stellt sich auf der parlamentarischen Ebene die Frage, ob es nicht an der Zeit wäre, daran zu denken, auch in Europa ein Zweikammersystem einzuführen. Wer, wie der Autor, seit mehr als zehn Jahren parlamentarisch im Einsatz steht, weiß, wie segensreich eine solche höhere Kontrolle ist. Ein Auto, das zwar mit einem Motor, aber ohne Bremsen dahinrast, ist gefährlich.

Daher sollten wir prüfen, ob es nicht möglich wäre, die Konsultativ-Versammlung des Europarates als zweite Kammer über dem Europa-Parlament einzusetzen. Das würde gleich zwei Vorteile bieten: Es könnte auf der einen Seite die über die EG hinausreichende, größere Dimension Europas anzeigen; es würde außerdem den Parlamentarismus seriöser machen, indem es eine zweite Kammer schafft, die eventuell mit einem zeitlich beschränkten Veto-Recht ausgestattet sein könnte. Auch erhielten wir jene kulturelle Dimension, die die Gemeinschaft brauchen wird. Deshalb müßte man überlegen, ob diese zweite Kammer mit Vertretern der Volksgruppen und Regionen sowie anderer natürlicher Gemeinschaften angereichert werden könnte.

Es gibt selbstverständlich Menschen, die behaupten, daß so ein Schritt wegen der grundlegend verschiedenen territorialen Ausdehnungen der beiden Körperschaften nicht möglich wäre. Das ist nicht stichhaltig. Es ist nicht einzusehen, warum es, wenn ein größeres Europa das Ziel ist, nicht übergangsweise verschiedene Grade für die Integration von europäischen Staaten geben sollte. Ungarn ist doch unter anderem deshalb als erster RGW-Mitglieds-

staat dem Europarat beigetreten, weil es sich der EG
nähern wollte. Andere werden folgen, auch solche, die –
anders als Ungarn oder die Tschecho-Slowakei – auf absehbare Zeit nicht Vollmitglied der Gemeinschaft werden
können. In bezug auf letztere Staatengruppe würde die
Tatsache, daß die parlamentarische Versammlung des Eu-
roparats ein konsultatives Organ ist, beziehungsweise nach
einer institutionellen Reform möglicherweise nur ein auf-
schiebendes Veto hätte, jene Bedenken beiseiteräumen,
die heute in gewissen Kreisen der Europäischen Gemeinschaft gegen die Einbeziehung neuer Länder, die derzeit
noch nicht ganz unseren Bedingungen entsprechen können, bestehen. Wir hätten dann die Möglichkeit, eine
großeuropäische Politik zu machen, ohne ständig auf den
Widerstand der Krämerseelen in der Bürokratie sowie gewisser politischer Kräfte in der Gemeinschaft zu stoßen.
Trotz dieser Möglichkeiten, die im Europarat schlum-
mern, ist auch die heutige EG unmittelbar gefordert.
Unter dem Eindruck der deutschen Wiedervereinigung
und der Entwicklung in den Ländern Mittel- und Osteuropas hat die Diskussion über Neubeitritte kräftig eingesetzt.
Dabei stößt man immer wieder auf Europa-Integristen und
»Euro-Fundis«, die im Gemeinsamen Markt einen Selbst-
zweck sehen und diesen nicht als Ausgangspunkt des großen Europa von morgen betrachten. Sie verwenden ständig das Argument, man müsse zuerst innerhalb der Zwölf
alle Fragen regeln, bevor man mit anderen weiter darüber
spricht, ob sie beitreten dürfen oder nicht.
Ihnen helfen gewisse bürokratische Kräfte in Brüssel, die
zwar nicht dieselben Motive haben wie die Europa-Integristen, aber seit jeher bemüht sind, jeden Fortschritt zu

hemmen. Sie versuchen in ihre Vorschläge zu den Grundsätzen für künftige Beitritte Formeln einzubringen, die
diese Möglichkeit zumindest relativieren, wenn nicht gar
praktisch beseitigen.

Die Geister werden sich aber – trotz dieses Tricks – bald an
der Frage scheiden, ob wir ein echtes politisches Großeuropa wollen oder ob wir vor allem eine Gemeinschaft
suchen, die rein wirtschaftlichen Interessen dient und die
wohlhabenden Staaten vor der Pflicht der Solidarität mit
den ärmeren schützt. Daß dies die Gegner nicht in dieser
brutalen Form als Ziel zugeben, ist verständlich. Man
merkt es ihnen aber dennoch an.

Am besten spiegeln sich ihre Vorbehalte darin, daß sie sich
weigern, endlich ein »Recht auf Europa« anzuerkennen.
Sie wollen nicht zugeben, daß dieses Europa nicht nur für
die glücklichen Zwölf der EG da ist, sondern für alle
Europäer, daß also Paneuropa tatsächlich ganz Europa ist.
Wahre Europäer müssen demgegenüber bis zur letzten
Konsequenz dafür eintreten, daß es ein »Recht auf Eu-
ropa« gibt. Der Gemeinschaft steht es, wenn ihre Bedin-
gungen erfüllt sind, nicht zu, einem europäischen Staat den
Beitritt zu verweigern, weil er darauf einen legitimen
Anspruch hat. Wenn wir zu einem Wohlstandsklub ver-
kommen, bleibt tatsächlich nur noch das »europäische
Haus« – mit seinen fragwürdigen Hausherren.

ENDE DER GESCHICHTE?

In den Vereinigten Staaten beobachten wir oftmals extreme Ausschläge des Pendels. Das gilt nicht nur für die Einstellung gegenüber anderen Völkern, die mit klassischer Außenpolitik nichts zu tun hat. Die USA verfallen manchmal in eine stürmische Liebesaffäre zu einer Nation, die dann plötzlich in das Gegenteil umschlägt. Ähnliches gilt für die verschiedenen politischen Lehren, die heute ein Dogma und morgen vergessen sind.

Besonders nach den Ereignissen des Jahres 1989 entstand in Amerika eine euphorische Stimmung, die eine Lehre nach sich zog, die vom »Ende der Geschichte« sprach. Dieser Ideologie zufolge hatte die Welt mit dem Sieg von Freiheit und Menschenrechten hinter der ehemaligen Jalta-Linie ein Endstadium erreicht, an dem sich nichts mehr ändern werde. Es nahe eine Friedensperiode der weltweiten Demokratie, die verschiedenen Diktaturen seien endgültig auf dem Müllhaufen der Geschichte gelandet. Solche Thesen wurden rasch populär, denn sie entsprechen sehr stark der grundoptimistischen Einstellung der Amerikaner, die, weil sie auf eine relativ kurze Vergangenheit zurückblicken, selten in größeren Zeiträumen denken. Spätestens der irakische Überfall auf Kuwait riß die USA aus solchen Träumen, aber wer das Land kennt, weiß, daß auch dieses Ereignis an den Grundströmungen des amerikanischen Bewußtseins nichts geändert hat.

Doch die Geschichte kennt keinen Endzustand – einen solchen gibt es nur im Jenseits. In Wahrheit ist das, was uns heute dauerhaft erscheint, morgen bereits überholt. Es gibt zwar ewige Grundsätze, die, wenn man sie erkennt, eine gewisse Stabilität schaffen können. Der »Zeitgeist« aber weht, wo er will, und ändert sich über Nacht. Es ist daher durchaus berechtigt, sich die Frage zu stellen, ob wir überhaupt eine demokratische Welt erleben werden und ob diese wirklich das letzte Wort der Entwicklung ist.

Gewiß waren die Ereignisse in Mitteleuropa beeindruckkend, doch gibt es immer noch – neben dem sowjetischen Faktor – weitere Weltregionen, in denen der Begriff der Freiheit vielleicht in den Herzen der Menschen, bestimmt aber nicht in der staatlichen und gesellschaftlichen Ordnung besteht.

Viele der Entwicklungsländer haben sich zum Beispiel wohl die Sprache der Demokratie angewöhnt, weil sie dadurch Ansehen und Kredite erlangen wollen, aber im praktischen Leben bestehen alte Abhängigkeiten weiter. Das gilt insbesondere für gewisse afrikanische Staaten, in denen sich der Häuptling von gestern, um der Welt zu gefallen, als Präsident titulieren läßt. Die sogenannte Dritte Welt besteht fast ausschließlich aus Einparteienstaaten und Tyranneien, auch dort, wo die Potentaten – mit einem gewissen Erfolg in der westlichen veröffentlichten Meinung – ständig das Wort Demokratie auf den Lippen führen.

Allerdings muß man zugeben, daß diese Regime zwar der

eigenen Bevölkerung großen Schaden zufügen, aber – zumindest vorläufig – keine Gefahr für die ganze Menschheit bedeuten. Niemandem in der Welt wird es einfallen, die Systeme von Mali, Burkina Faso, Burma oder den Malediven nachzuahmen. Diese örtlichen Tyranneien sind meist nicht auf Expansion aus. Sie haben keine universelle Heilslehre, die sie immer wieder zu neuen politischen Aktivitäten antreibt. Bedrohlich können sie höchstens dann werden, wenn einer dieser Diktatoren plötzlich über moderne Waffensysteme verfügen und aufgrund seiner unumschränkten Herrschaft im Inneren auch außenpolitisch von der eigenen Auserwähltheit und Unbezwingbarkeit überzeugt sein sollte.

Eine wirklich kritische Masse ist hingegen der nach wie vor existierende Totalitarismus. Es ist auffällig, wie sehr gewisse Kreise auf das Wort Totalitarismus allergisch reagieren. Immer wieder wird abgelehnt, dieses etwa für den Kommunismus oder für dessen verschiedene angeblich neuere Formen zu verwenden. Das Wort rührt nämlich an eine der großen Lebenslügen der Gegenwart.

Diese entstand durch den kommunistischen Sprachgebrauch, als man systematisch vom Eintritt der Sowjetunion in den Zweiten Weltkrieg an für den Nationalsozialismus den Begriff »Faschismus« einsetzte. Diese Methode wird auch heute noch – besonders in der linken Szene – angewandt. Auf die Dauer aber ist dies schwer durchzuhalten, nachdem jeder, der noch den Faschismus gekannt hat, weiß, daß dieser ein typisch lateinisch-diktatorisches System war, das wohl in seiner letzten Phase immer mehr in den Sog Hitlers geraten ist, immerhin aber eigene Charakteristika besaß. Man darf gewiß nicht die Verbrechen des

Faschismus verniedlichen, muß aber anerkennen, daß es lange Zeit hindurch in Italien keine Rassenverfolgung gegeben hat. Wer die Nationalsozialisten Faschisten nennt, verharmlost Hitler und seine Spießgesellen.

Da nun einmal das Wort »Faschismus« schwer zu vermitteln ist, wird alles versucht, um zumindest den »Nationalsozialismus« nicht allzu sehr herauszustellen, da dieser in unbequemer Weise auf gemeinsame sozialistische Wurzeln hinweist. In der Mentalität nur zu vieler Menschen und nicht zuletzt im Sprachgebrauch der meisten politischen Kommentatoren wird ständig auf die Einmaligkeit des Hitlerregimes in Deutschland verwiesen. Man will glauben machen, daß ein Nationalsozialismus nur einmal denkbar war, und zwar nur bei einem Volk, den Deutschen. Doch eines ist klar: Kommunismus wie Nationalsozialismus sind totalitäre Bewegungen und nach den gleichen Gesetzen angetreten. Solche Entwicklungen sind überall denkbar, wenn auch in unterschiedlicher Form.

Totalitarismus bedeutet vor allem, daß es solchen Ideologien unmöglich ist, sich im innersten Wesen wirklich zu wandeln. Seit Jahrzehnten besteht bei uns die mit Liebe gezüchtete Illusion, man könne einen »Gulasch-Kommunismus« schaffen oder aber einen »Sozialismus mit menschlichem Gesicht«. Diese politische Fata Morgana, auch wenn sie sich noch so oft als Trugbild erwiesen hat, ist anscheinend unausrottbar. Das galt genauso für die Illusionen eines Dubček wie seinerzeit für die Wirtschaftspolitik der Professoren Evsei Liebermann und Kantorovic. Man möge sich nicht täuschen: Auch die Erben der sogenannten Reform-Marxisten sind ebenso wie jene Stalins momentan nur abgetaucht, um demnächst wieder jede sich bietende Chance zu nutzen. Und wie sie hoffen auch die alten Stasi-Seilschaften auf bessere Zeiten. Diese sind, anders als die ideologischen Träumer, nach wie vor sehr schlagkräftig.

Der Totalitarismus verspürt einen universellen Auftrag in sich und bildet so eine internationale Gefahr. Sowohl in seiner alten Form als auch im möglichen neuen Gewand kann er wieder aggressive Züge annehmen, so daß die freiheitliche Welt weiterhin gerüstet bleiben muß. Mit dem Verschwinden der bipolaren Ordnung von Jalta, in der das atomare Gleichgewicht des Schreckens Kriege vielfach unmöglich gemacht hat, da sie zum Ende der Menschheit geführt hätten, sind regionale oder überregionale Konflikte wieder eher als bisher denkbar geworden. Man wird sich vor nationalistischen oder totalitären Fanatikern hüten müssen.

Zu dieser Überlegung kommt eine Tatsache, die man auch nicht vergessen darf. Die heutige Generation weiß, was eine Diktatur ist, und daher auch, was Demokratie bedeutet. Das gilt insbesondere für die Einwohner Mittel- und Osteuropas, die erst in den letzten Monaten und Jahren aus dem Schatten des Totalitarismus herausgetreten sind. Es trifft schon weit weniger auf die Bürger Westeuropas zu, wo eine wachsende Anzahl die Freiheit als selbstverständlich betrachtet. Mit der Zeit, wenn tatsächlich der Sieg der Demokratie gelänge, würde dieses Vergessen diktatorischer Erfahrungen weltweite Ausmaße annehmen. Es wäre daher eine ganz wesentliche Aufgabe, auch in Zukunft darüber zu wachen, daß hier nicht aus Unkenntnis eine fatale Fehlreaktion einsetzte.

Freiheit muß jeden Tag neu errungen werden, zumal die

Menschen zunehmend von der Traumwelt des Fernsehens umnebelt werden. Gerade die Irak-Krise hat bewiesen, welche ungeahnten Möglichkeiten einem wahnsinnigen Tyrannen – der sich noch dazu jahrelang als progressiv und demokratisch preisen ließ – die systematische Nutzung der Massenmedien, vor allem des weltweiten Fernsehens, bietet. Die Tragweite der Geschehnisse ist damit ungemein verstärkt worden. Noch vor Jahrzehnten ist eine Katastrophe irgendwo in der Welt erst nach Stunden oder Tagen auf anderen Erdteilen bekannt geworden, zu einem Zeitpunkt also, zu dem sie sich bereits erheblich abgekühlt hatte. Heute wirkt sich jedes Ereignis gleichzeitig in den Wohnzimmern aller Erdenbürger aus, die ein Fernseh- oder zumindest ein Rundfunkgerät besitzen.

Es ist heute möglich, Regierungen wirkungsvoll zu erpressen, indem man die öffentliche Meinung gegen sie mobilisiert. Da die subversiven und verbrecherischen Kräfte die publikumswirksamen Geschehnisse herbeiführen, beziehungsweise lenken, haben sie, so gesehen, den Vorteil der Initiative. Dank dieser Sachlage verschiebt sich das Mitleid häufig von den Opfern der Gewalt zu den Tätern, denen man immer häufiger edle Motive unterstellt. Dies erwies sich bei den Geiselnahmen im Libanon und später in noch größerem Stil im Irak, der die psychologische Kriegsführung über den Bildschirm zeitweise zur Perfektion trieb.

Terrorbekämpfung wird also immer schwieriger. Man spricht zu Recht vom Ende des Gewaltmonopols des Staates. Die immer besseren internationalen Verkehrsverbindungen und die vergleichsweise lächerlichen Strafen haben nicht nur den Terrorismus, sondern auch den mindestens so mörderischen Rauschgifthandel zu einem weltweiten Staat im Staate werden lassen. Der Verkauf von Drogen erbringt üppige Gewinne, während die Gefahr, daß eine Operation mißlingt, mehr als gering ist. Die Versuchung für kriminelle Elemente wird somit fast unwiderstehlich.

Das gleiche trifft vielfach auf die politische Kriminalität zu. Heute werden in den meisten Staaten inhaftierte Terroristen, die für ihre Gewalttaten einen ideologischen Vorwand angeben, als politische Gefangene angesehen und genießen daher Privilegien, die normalen Verbrechern nicht gewährt werden. In den beiden gefährdetsten Regionen Europas, nämlich im Baskenland und in Nordirland, ist das besonders augenscheinlich. Die Strafen für Massenmörder sind mehr als mild, da es zum Beispiel in Spanien nicht einmal mehr die lebenslängliche Haft gibt. Die Gefängnisrevolten in beiden Regionen, die sich in letzter Zeit häuften, sind unter anderem damit zu erklären, daß die normalen Strafgefangenen nicht mehr einsehen konnten, warum nur sie und nicht auch die Massenmörder der ETA oder der Irisch-Republikanischen Armee gewisse Härten ertragen müssen.

Trotzdem wird von vielen Seiten weiterhin lauthals gefordert, man solle den Polit-Terroristen und Menschenräubern aus ideologischen Motiven wegen ihres revolutionären Anspruches Vorrechte einräumen. Das erinnert übrigens an das 19. Jahrhundert, als die Anarchisten Europa bedrohten. Solange man sie als politische Gefangene behandelte, gelang es nicht, mit der sinnlosen Gewalt zurande zu kommen. Erst als nach der Ermordung von

Kaiserin Elisabeth die Regierungen beschlossen, mit den Anarchisten wie mit gewöhnlichen Kriminellen zu verfahren, war es möglich, diese Spielart des Terrorismus in relativ kurzer Zeit zu besiegen.

In unserer Zeit finden extremistische Strömungen einen immer besseren Nährboden. Sinnentleertem Wohlstand im Westen stehen vorübergehende, aber schmerzliche Wirtschaftskrisen in Mittel- und Osteuropa gegenüber. Noch gefährlicher ist die Einwanderungswelle von anderen Kontinenten nach Europa. Sie löst Ängste aus, die die Politik herausfordern.

In letzter Zeit sind in verschiedenen Teilen der Europäischen Gemeinschaft »Bewegungen« aufgetreten, die sich mit dem Problem der »Überfremdung« befassen. Das Thema gibt Anlaß zur Demagogie, wobei nur zu oft vereinfachend behauptet wird, es sei dies eine Auferstehung Adolf Hitlers. Das ist so nicht richtig.

Interessant ist dabei, daß sich solche Reaktionen auf den verschiedenen Seiten des politischen Spektrums ähnlich stark niederschlagen. Links wird um die Einwanderer geworben, rechts die Angst vor ihnen geschürt.

Auf der Linken haben wir heute extremistische Gruppierungen, die die Fremden ansprechen und versuchen, diese in politische Gemeinschaften mit zwielichtigen Zielrichtungen einzubinden. Organisationen wie »SOS Racisme« des Harlem Désir haben ausgesprochen gesellschaftsverändernde Pläne. Sie werden häufig von linken Parteien unterstützt. Diese hoffen, neue Wähler zu gewinnen, nachdem ihnen infolge des steigenden Lebensstandards der industriellen Arbeiterschaft ihre bisherige Basis verlorengeht.

In gewissem Sinn ist dies die Fortsetzung der Politik von Willy Brandt mit seinem Nord-Süd-Dialog. Damals wurde versucht, einen weltweiten Klassenkampf zwischen den reicheren und ärmeren Völkern anzufachen, um das in Europa nicht mehr bestehende Spannungsfeld zu ersetzen. Nunmehr besteht bei der Linken die Hoffnung nach einem neuen Proletariat aus den fremden Immigranten, die oftmals wirtschaftlich auf der untersten Ebene angesiedelt sind.

In diesem Sinne sind auch die Bestrebungen der Linken zu verstehen, in der Europäischen Gemeinschaft den nichteuropäischen Ausländern das Wahlrecht zu geben. Dabei kommt ihnen zugute, daß man von seiten der westlichen Regierungen, auch der konservativen, keinen grundlegenden Unterschied zwischen EG-Staatsbürgern und echten Ausländern gemacht hat. Wäre dies zeitgerecht geschehen, hätte man die heutigen Schwierigkeiten vermeiden können.

Eine Verfälschung des klaren Denkens ist auch das wahllose Zusammenwerfen gewisser Phänomene der Fremdenfeindlichkeit mit dem Rassismus. Wir leiden in Europa allzu sehr an der Vermischung der Begriffe. Rassismus ist an sich eine klar umschriebene Einstellung: Man verfolgt jemanden wegen des Zufalls seiner Geburt. Das war der Fall bei der Politik Eichmanns gegen die Juden. Das trifft nicht zu, wenn sich Völker gegen Überfremdung wenden, wobei sie nicht die Menschen darum ablehnen, weil sie diesem oder jenem Stamm angehören, sondern weil die massive Einwanderung die Natur der Städte verändert, beziehungsweise auf dem Arbeitsplatz oftmals eine Konkurrenz schafft, die vor allem für die unteren Schichten bedrückend ist. Auch beunruhigen manche Menschen die verschiedenen Kulturen, die aufeinanderprallen.

Die Lage in Europa zeigt, daß es dort fremdenfeindliche Bewegungen gibt, wo der Zustrom einen gewissen Hundertsatz überstiegen hat.

Die meisten Europäer sind von Natur aus tolerant, was immer gewisse berufsmäßige Antirassisten auch behaupten. In der Regel sind unsere Völker gastfreundlich. Erst ab einem gewissen Punkt schlägt dieses Gefühl um. Sachverständige in der Materie sind weitgehend zu der Ansicht gelangt, daß die Reaktion gegen Überfremdung bei einer Zahl von über 7 Prozent Ausländern eintritt. Dann blüht der Extremismus auf.

Natürlich wäre es höchst oberflächlich, diese Phänomene losgelöst von der Bevölkerungsentwicklung zu sehen. Während die Menschheit ständig anwächst, ist Europa ein sterbender Kontinent. Die meisten unserer Völker vergreisen, Kinder bleiben aus. So ist es logisch, daß wir als demographisches Tiefdruckgebiet die Menschen anderer Kontinente förmlich anziehen, da dort die Zahl der Geburten explodiert. In diesem Mißverhältnis zwischen Europa und der übrigen Welt dürfte eines der größten Probleme der Zukunft liegen. Unsere Aufgabe ist es, durch Stärkung der Familie zu verhindern, daß Europa in ein Altersheim verwandelt wird. Die Familie ist die Keimzelle einer gesunden Gesellschaft und bedarf daher der ihrer Funktion entsprechenden Achtung und Förderung.

Daß dies nicht geschieht, liegt vor allem daran, daß Familienpolitik erstaunlicherweise wenig wählerwirksam ist. Dem könnte man abhelfen, indem man Kindern mit ihrer Geburt das Wahlrecht verleiht. Da diese es selbstverständlich nicht selbst ausüben können, käme dieses Recht den Eltern zu. Mit einem Schlag wären für die von Wahl zu Wahl hetzenden Politiker Eltern mit zahlreichen Kindern ein interessantes Stimmenpotential und würden mehr als bisher in die Überlegungen und Parteiprogramme einbezogen.

Den Menschen auf anderen Kontinenten wiederum müssen wir helfen, in ihrer angestammten Heimat Arbeit zu finden. Es gilt, die Arbeitsplätze zu den Menschen zu bringen und nicht umgekehrt, da allzu große Wanderungsbewegungen zu einer Entwurzelung hier wie dort führen würden und damit zu einem Verlust an natürlichen Bindungen, historischem Bewußtsein und religiöser Substanz. Dies kann weder im Interesse der Europäer noch ihrer Nachbarn auf anderen Erdteilen sein.

Die Probleme, die auf uns zukommen, scheinen manchen unlösbar. Sie sind es nicht, es gilt nur frühzeitig zu planen und dann energisch zu handeln. Keinesfalls haben wir das Recht, uns auf wirklichen oder vermeintlichen Lorbeeren auszuruhen. Das Ende der Geschichte wird es nämlich nicht geben, auch wenn naive Geister davon träumen.

WELTMACHT EUROPA

Bei meinem ersten Besuch in Prag am 17. und 18. März
1990 hatte ich das Glück, im selben Hotel zu wohnen, in
dem eines der letzten Treffen des Warschauer Paktes
stattfand.

Niemand, der dabei war, wird die dortige Atmosphäre
jemals vergessen. In diesem kommunistischen Bonzen-
tempel, voll von freud- und geschmacklosem Luxus, schli-
chen die einstigen Größen der kommunistischen Welt von
Raum zu Raum. Der letztmals anwesende »DDR«-Au-
ßenminister Fischer etwa wurde am selben Tag von der
eigenen Bevölkerung mitsamt seiner nunmehr PDS genannten Staatspartei SED aus allen Ämtern und Funktionen herausgewählt. Als tschechischer Verteidigungsmini-
ster amtierte zwar noch ein General des alten Regimes,
aber dessen Chef war bereits der ehemalige Häftling in
kommunistischen Gefängnissen Vaclav Havel. Den harten
Funktionären in der mongolischen oder rumänischen Delegation saß ein roter Reformer wie Ungarns Außenminister Gyula Horn gegenüber, der ebenfalls bald durch einen
nichtsozialistischen Oppositionellen namens Geza Jes-
zenszky ersetzt worden ist.

Der Gesichtsausdruck der meisten Teilnehmer erinnerte

an ein drittklassiges Begräbnis. Ob Journalisten, Beamte, Diplomaten oder jene, die sich sonst im Troß solcher Konferenzen befinden – sie wußten alle, daß der Pakt in dieser Form niemals mehr zusammenkommen würde.

Der äußere Schein entsprach der Wirklichkeit. Niemand glaubte mehr an dieses Bündnis, jeder versuchte die beste Formel zu finden, um ohne allzuviel Gesichtsverlust Schluß damit zu machen. Selbst der sowjetische Außenminister mußte erkennen, daß mit einer solchen Truppe nicht viel Staat zu machen war.

Der Warschauer Pakt war immer nur durch die äußere Gewalt der Roten Armee zusammengehalten worden. In dem Moment, in dem aufgrund der inneren Schwäche der Sowjetunion und der Veränderungen im roten Imperium der äußere Druck auf die kleineren Mitgliedsstaaten schwand, war es logisch, daß sich diese von der ungeliebten Institution abwandten.

Der Warschauer Pakt war eben nichts als das Produkt von Jalta, das heißt von jenem weltweiten System, das unseren Erdteil zweiteilte und die Supermächte schuf. Wenn diese Realität im Warschauer Pakt noch wesentlich fühlbarer war als in der gegen die kommunistische Gefahr geschaffenen NATO, so lag dies daran, daß es auf der östlichen Seite tatsächlich nur einen Kommandanten, nämlich Moskau, gab und ansonsten nur Befehlsempfänger. Das ging bis in die unteren Ebenen. Auch die Armeen der kleineren Warschauer-Pakt-Staaten hatten praktisch nichts zu melden und wurden bewußt schwach gehalten.

Dies ging so weit, daß der sowjetische Generalstab – ohne die politische Ebene bei den »Partnerländern« einzuschalten – diesen Strategie wie das taktische Verhalten einfach diktierte. Selbst die kleinste Waffenbestellung oder das unwichtigste Manöver mußten von Moskau genehmigt werden. Ungarische oder tschechische Offiziere berichteten inzwischen, sie hätten sich – als das östliche Militärsystem noch intakt war – oftmals gefühlt wie Askaris, die Eingeborenenarmeen der europäischen Kolonialmächte des 19. Jahrhunderts in Schwarzafrika. Daß dies Menschen kränkte, deren Vorfahren in der k.u.k. Monarchie als Soldaten gedient oder, wie die Polen, einen echt nationalen Begriff von der Armee hatten, ist klar.

Höchstens die Nationale Volksarmee der »DDR« zählte ein wenig. Mit der Pflege eines äußeren Drills bis hin zum Stechschritt versuchte man in der NVA die preußische Tradition für kommunistische Zwecke zu mißbrauchen und an die alte gefühlsmäßige Bindung an Rußland anzuknüpfen. Das Militär der ehemaligen »DDR« bildete den Schluß- und Eckstein des Sowjetreiches. Da dieser aber mit der Maueröffnung herausgebrochen worden war, blieb lediglich die ebenfalls demoralisierte Rote Armee übrig.

Dieser Offenbarungseid des Warschauer Paktes war nicht nur eine Folge der Freiheitsbewegung in Mittel- und Osteuropa. Militärische Allianzen in der Form der frühen sechziger Jahre sind seit geraumer Zeit überholt. Vor der Entwicklung und Produktion der Massenzerstörungswaffen ließen sich militärische Bündnisse zwischen Großmächten und Kleinstaaten rechtfertigen. Sollten erstere an der Seite ihres kleineren Partners in einen Konflikt gezogen werden, war das Risiko des Einsatzes relativ begrenzt. Im Falle eines verlorenen Krieges konnte man eine oder mehrere Provinzen verlieren, mußte eine Kolonie aufgeben, oder es erfolgte der Sturz einer Dynastie.

Mit der waffentechnischen Nutzung der Kernspaltung wurde das Risiko unbeschränkt. Eine Supermacht, die in einen Konflikt eintritt, der in einem atomaren Schlagabtausch enden kann, riskiert die Vernichtung der eigenen Nation. Es war daher einsichtig und von Anfang an klar, daß eine wenigstens halbwegs realistisch denkende Regierung nur zur Verteidigung der lebenswichtigen Interessen des eigenen Volkes einen solch folgenschweren Schritt androhen würde. Um mehr als um ein Drohpotential oder ein Objekt für Verhandlungen ging es ohnehin nicht. Doch als auch dies nicht mehr glaubwürdig war, entwickelten sich die großen Militärbündnisse immer mehr zu Relikten einer längst dahingesunkenen Vergangenheit.

Wenn die NATO diese Situation relativ besser als der Warschauer Pakt überstanden hat, so ist dies nicht zuletzt darauf zurückzuführen, daß es im westlichen Bündnis keine so einseitige Vorherrschaft gab. Die kleineren Partner hatten zumindest ein gewisses Mitspracherecht. Wenn Europa nicht stärker gehört wurde, war das ausschließlich dessen eigene Schuld, da die Regierungen nicht gemeinsam auftraten und so nicht den Einfluß hatten, der ihnen von den USA zugestanden worden wäre.

Wichtig war und ist die politische Seite des Atlantik-Paktes. Bester Beweis dafür war schon vor vielen Jahren die Tatsache, daß Frankreich unter General de Gaulle aus strategischen und grundsätzlichen Erwägungen das Militärbündnis der NATO verlassen hatte, um die Force de Frappe aufzubauen, aber weiter der politischen Gemeinschaft des Bündnisses angehörte. Dies zeigte schon damals, in einer Ära des heftigen Ost-West-Gegensatzes, eine Alternative auf, die auf der sowjetischen Seite fehlte.

Starre Strukturen können in schlechten Zeiten niemals jene Widerstandskraft entwickeln wie Zusammenschlüsse mit einer gewissen inneren Autonomie der einzelnen Teile. Dies sollte die NATO trotz ihrer Vorzüge gegenüber dem Warschauer Pakt ebenfalls bedenken. Auch sie kann in der heutigen Form ihre Aufgabe nicht mehr wirkungsvoll erfüllen. Sie muß sich in ein politisches Bündnis zwischen den Vereinigten Staaten von Amerika und dem geeinten Europa der Zukunft wandeln.

So viele Fortschritte die Europäische Gemeinschaft in den letzten Jahren auch gemacht hat, es fehlen ihr aber nach wie vor die einfachsten Voraussetzungen, um ihrer Rolle als potentielle Weltmacht gerecht zu werden.

Sicher ist seit der ersten Direktwahl des Europa-Parlamentes im Jahre 1979 viel geschehen. Damals hatte es noch größte Empörung ausgelöst, wenn jemand in der Straßburger Volksvertretung das Wort »Sicherheitspolitik«, von »Verteidigung« gar nicht zu reden, überhaupt in den Mund nahm. Antieuropäische Nationalisten und kommunistische Gegner einer politischen Stärkung unseres Kontinentes vereinigten sich zum Beispiel, um eine Anfrage zum Thema Rüstungsstandardisierung als rechtswidrig zu Fall zu bringen.

Erst der Europaabgeordnete General a. D. Wolfgang Schall schaffte es in jahrelanger Überzeugungsarbeit durchzusetzen, daß auch Sicherheitsprobleme in Straßburg erörtert wurden. Meine Kollegen Adam Fergusson, Gérard Israel und Niels Haagerup unterstützten mich dabei, diese Bemühungen Schalls in ein außenpolitisches Konzept für die EG einzubauen.

Dieses ist seitdem weitgehend unverändert geblieben:

– Durch den Zusammenschluß Europas soll allen totalitären Bestrebungen auf dem Kontinent und in der Nachbarschaft der Boden entzogen, beziehungsweise künftig ein Riegel vorgeschoben werden.

– Europa-Parlament und EG-Kommission unterhalten direkte Beziehungen zu allen sogenannten Drittstaaten, aber auch zu EG-ähnlichen Zusammenschlüssen wie dem Gulf Cooperation Council (GCC) oder der Staatengruppe ASEAN.

– Auf der Grundlage der Lomé-Verträge arbeitet die EG als Block mit den wichtigsten AKP-Staaten (Afrika-Karibik-Pazifik) zusammen, wobei allerdings europäische Interessen in Zukunft eine stärkere Rolle spielen sollten als bisher.

– Die Zusammenarbeit mit den USA gehört zu den wichtigsten Aufgaben der EG wie des Europa-Parlamentes. Dazu ist allerdings die Bereitschaft notwendig, politisch zu handeln. Es geht nicht an, den USA wirtschaftlich Konkurrenz zu machen, in Sicherheitsfragen aber an ihrem Rockzipfel zu hängen.

Auf dem Gebiet der Institutionen besteht schon seit 1970 die Europäische Politische Zusammenarbeit (EPZ) der EG-Mitgliedstaaten. Diese blieb zunächst weit hinter den Erwartungen ihrer Väter zurück, da sie unverbindlich war, über keine funktionsfähige Verwaltung verfügte und außerdem das Europaparlament als den eigentlichen politischen, von den Völkern legitimierten Körper der EG aus ihrer Arbeit ausklammerte.

Erst Anfang der achtziger Jahre kam es zu gewissen Fortschritten, als auf Druck des Europa-Parlamentes – Anlaß war ein Bericht von Lady Elles – der Londoner Beschluß der EG-Außenminister von 1981 den institutionellen und inhaltlichen Ausbau der EPZ einleitete. In der Sicherheitspolitik spielte die Ratserklärung von Venlo eine ähnliche Katalysatorenrolle.

Wichtiger noch war die Verabschiedung der Einheitlichen Europäischen Akte am 1. Juli 1987. Diese schuf ein ständiges EPZ-Sekretariat für Außenpolitik als Embryo eines Europäischen Außenministeriums sowie eine vertragliche Verpflichtung, auch das Europa-Parlament und die EG-Kommission in die EPZ einzubeziehen. Sicherheitspolitik – zumindest im nichtmilitärischen Bereich – wurde ausdrücklich in den Tätigkeitsbereich der Zwölfergemeinschaft aufgenommen. Vor dem Hintergrund der Schaffung des großen Binnenmarktes bis 1993 gewannen diese – für viele Menschen bislang uninteressanten und unverständlichen – institutionellen Reformen auch für die Völker innerhalb und außerhalb der EG an Bedeutung. So fand in Dänemark über die Einheitliche Europäische Akte eine Volksabstimmung statt, die dank des Mutes der pro-europäischen und konservativen Minderheitsregierung unter Ministerpräsident Poul Schlüter positiv ausfiel. Auch Irland mußte über ein Referendum die Neutralitätsklausel in seiner Verfassung abschaffen. Dies geschah, weil die Bürger dieser Staaten mittlerweile spürten, daß eine Wirtschaftsmacht wie die Gemeinschaft ohne politischen Unterbau nicht überleben kann. Infolge der Einheitlichen Europäischen Akte hat das Europa-Parlament nunmehr die Zuständigkeit, über völkerrechtliche Verträge abzustimmen. Zusammen mit der Tatsache, daß die Kompetenz für den Außenhandel schon seit längerem von den Einzelstaaten auf die EG übergegangen ist, ergibt dies die

Notwendigkeit, in allen Organen der Gemeinschaft außenpolitisch zu denken.

Wer in der Welt herumkommt, weiß, wie eindrucksvoll die EG und ihre EPZ schon heute von außen wirken. In den Fernsehanstalten der anderen Kontinente hat man offenbar manchmal die Vorstellung entwickelt, als sei die Zwölfergemeinschaft schon eine politische Einheit wie die Vereinigten Staaten von Amerika. Das stimmt natürlich nicht. Sicher ist es wichtig, daß sich die zwölf Außenminister und ihre Beamten ständig absprechen, daß die zwölf EG-Botschafter in Drittländern sich mindestens einmal wöchentlich unter dem Vorsitz des Vertreters der momentanen EG-Ratsmacht zusammensetzen, um sich so zu koordinieren, als bestehe bereits eine einzige EG-Botschaft. Doch all das ersetzt weder eine europäische Regierung, die diesen Namen verdient, noch eine echte europäische Verteidigungsgemeinschaft.

Die Golfkrise hat hinlänglich bewiesen, daß uns Europäern aber nicht nur die notwendigen Institutionen wie eine europäische Regierung oder eine europäische Armee fehlen, sondern daß es uns auch an der richtigen Einstellung mangelt. Wir sind zahlreicher an Einwohnern als die Vereinigten Staaten oder die Sowjetunion und außerdem wirtschaftlich wesentlich stärker. Es müßte daher selbstverständlich für uns sein, auch weltpolitisch und militärisch im Ernstfall Verantwortung zu übernehmen.

Noch können wir uns auf die USA verlassen, doch niemand weiß, ob dies so bleiben wird. Der Rückzug der Amerikaner aus Europa wird über kurz oder lang erfolgen, die USA orientieren sich immer stärker hin zum Stillen Ozean. Gleichzeitig ist es nicht sicher, daß ihre Interessen immer mit den unseren übereinstimmen müssen. Auch in Washington ist nicht alles Gold, was glänzt, und wir sollten uns zum Beispiel der schwächlichen Carter-Ära erinnern.

Der Westen insgesamt scheint oftmals wieder von einer inneren Schwäche erfaßt zu sein. Er brachte zwar den Kommunismus – gemeinsam mit den tapferen Völkern, die sich gegen ihn erhoben – zu Fall, aber auf die neuen Herausforderungen unserer Zeit wie die des Saddam Hussein war er offenbar nicht vorbereitet.

Gerade die Debatte in den ersten Wochen nach dem irakischen Überfall auf Kuwait war dafür bezeichnend und erinnerte mich gespenstisch an die Jahre 1938 und 1939. Eine der interessantesten journalistischen Figuren des Zweiten Weltkrieges war der amerikanische Kommentator William Philipp Simms von der Zeitungskette Scripps Howard, ein älterer Mann mit viel Erfahrung. Simms war im Ersten Weltkrieg der Leiter der United Press, der damals zweitgrößten Nachrichtenagentur der Vereinigten Staaten. Kurz vor dem Zusammenbruch der Mittelmächte 1918 war den Verantwortlichen der wichtigsten Massenmedien intern der genaue Tag des Waffenstillstands bekanntgegeben worden. Sie mußten aber Stillschweigen versprechen. Unter den vielen Zeitungen, die bei Simms mitarbeiteten, gab es eine, die dieses Wort gebrochen hat. Darauf hat Simms, der viel auf journalistische Ehre hielt, seine Funktion niedergelegt. Von dieser Haltung beeindruckt, hat ihm Scripps Howard einen Kontrakt auf Lebenszeit als Kommentator gegeben. Er war daher materiell unabhängig und konnte schreiben, was er dachte. Er hat das auch weidlich ausgenützt und war ein vernünftiges und stabilisierendes Element in einer ansonsten wildgewordenen Medienlandschaft.

In seinen Studien über den Kriegsausbruch 1939 vertrat Simms die Ansicht, daß der französische Sozialistenführer Marcel Deat eine schwere Verantwortung für die letzte Entscheidung Hitlers, Polen anzugreifen, trug. Sein sensationeller Artikel »Mourir pour Danzig?« – also »Sterben für Danzig?« – hätte auf deutscher Seite die letzten Bedenken darüber weggewischt, daß eine Aktion gegen Polen einen Weltkrieg auslösen würde. Man nahm in Berlin fälschlicherweise an, daß die westliche Welt nicht zum Äußersten entschlossen sei.

Deat hatte nämlich erklärt, daß die Verteidigung des Status von Danzig kein Menschenleben wert sei. Was sich am polnischen Korridor abspiele, gehe weder Frankreich noch England etwas an. Ob die These von Simms gestimmt hat, läßt sich rückblickend nicht mit letzter Sicherheit feststellen. Auf alle Fälle zeigte der Artikel Deats, wie gefährlich es ist, wenn man in einer kritischen Zeit die eigene öffentliche Meinung in die Irre führt, beziehungsweise aus demagogischen Gründen einem Pazifismus Vorschub leistet, der die Kriegslüsternen ermutigt.

An diese Vorgeschichte mußte man unwillkürlich denken, wenn man während der Golfkrise in der westlichen Presse Kommentare las, die durchaus an denjenigen Deats erinnerten. Wiederum begann man die Frage aufzuwerfen, ob Kuwait es tatsächlich wert sei, einen militärischen Konflikt zu riskieren. Daß eine politische Lösung einer militärischen vorzuziehen ist, bezweifelt niemand. Der Irak hätte aber niemals seinen Nachbarn besetzt, wäre ihm schon vorher unmißverständlich klargemacht worden, daß die internationale Staatengemeinschaft oder zumindest der Westen im Ernstfall auch militärisch antworten würden.

Sehr bezeichnend waren verschiedene Artikel, die den Eindruck erweckten, der ganze Streit gehe eigentlich nur darum, reiche Könige, Prinzen und Scheichs zu verteidigen. Das sei nicht unser Interesse. Solche Stimmen verkennen die Wirklichkeit. Unabhängig von einzelnen Entwicklungen wie der sicher schwerwiegenden Golfkrise gilt, daß in den nächsten Jahrzehnten eine neue Weltordnung entstehen wird: Für diesen unabdingbaren Prozeß aber gibt es nur zwei Möglichkeiten: Entweder er vollzieht sich auf steinzeitliche Weise vermittels des Faustrechtes – wobei die Steine freilich Atombomben und Gefährlicheres sein werden –, oder das Völkerrecht setzt sich durch.

Jeder kennt die Geschichte des Menetekel, also der feurigen Handschrift an der Wand, die das Ende der Herrschaft in Babylon ankündigte. Durch Jahrtausende wurde diese immer als letzte Warnung vor einer großen Gefahr betrachtet. Es scheint, als ob nunmehr wieder einmal ein solches Zeichen erschienen sei.

Seit Beginn des Jahres 1989 hatte es fast nur gute Nachrichten gegeben. Der Kommunismus ging seinem Ende zu, und die Völker Europas befreiten sich in unblutigen Revolutionen. Auch jenseits der Meere wankten die Throne der Diktatoren. Die Sandinisten wurden durch die Wähler in ihrem Land aus der Macht gedrängt, während in Chile der Übergang von der militärischen Herrschaft zu einer Demokratie anscheinend unter besten Bedingungen erfolgte. Auch in Südafrika bestand plötzlich berechtigte Hoffnung auf Entspannung. Im Westen wiederum gelang die deutsche Wiedervereinigung fast reibungslos, obwohl die Sachverständigen große Schwierigkeiten vorhergesagt hatten.

Das alles galt nur bis zum 2. August 1990. Dann gab es den Donnerschlag aus dem Irak, als Präsident Saddam Hussein seine kriegsgeübte Armee aussandte, um den kleinen Nachbarn Kuwait zu besetzen. Von einem Augenblick zum anderen veränderte sich damit das Bild der Welt. Denn der überfallene Staat war nicht nur für die Weltwirtschaft entscheidend und damit auch politisch von großer Bedeutung. Kuwait besitzt auch Symbolkraft für Europa.

Das Emirat war bis zum irakischen Angriff hinter Saudi-Arabien der bedeutendste Ölproduzent der Welt. Als nicht minder wichtig erwies sich die Tatsache, daß das Land über eine gut qualifizierte Wirtschaftsführung verfügte. Daher pflegte es, anders als der Irak oder Libyen, seine Einkünfte nicht für politische Abenteuer auszugeben, sondern die gewaltigen Mittel klug zu investieren.

Das Unglück war allerdings, daß es im Lande selbst nichts zum Anlegen gibt. Es fehlt an Wasser, um eine halbwegs lebensfähige Landwirtschaft aufzubauen. Das Gleiche gilt für die Industrie. Vor dem Ölboom hatte die Bevölkerung ärmlich von Dattelpalmen und der Perlenfischerei gelebt.

So blieb denn nichts anderes übrig, als die Öldollars im Ausland anzulegen. Im Laufe der Jahre stieg diese Summe auf über dreihundert Milliarden Dollar. Die Erträge dieses unvorstellbar großen Kapitals waren so gewaltig, daß man errechnete, Kuwait könne allein daraus den derzeitig höchsten Lebensstandard der Welt aufrechterhalten, ohne einen weiteren Tropfen Öl zu fördern. Von den Bewegungen dieser kuwaitischen Guthaben hing mehr denn einmal das Schicksal der Devisen und damit der Weltwirtschaft ab.

Viele Kuwaitis glaubten demnach fälschlicherweise an das Paradies auf Erden. Dies war Zeichen eines Realitätsverlustes, denn seit in dem benachbarten Irak die haschemitische Monarchie gestürzt worden war, hatten die Diktatoren in Bagdad mehr denn einmal den kleinen Nachbarn bedroht. Das war verstärkt der Fall, nachdem die Ölkrise die Bedeutung des Landes noch wesentlich erhöht hatte, während gleichzeitig die Regierung von Kuwait zu der Gruppe der gemäßigten Staaten gehörte, die im Rahmen des Ölkartells der OPEC versuchte, bei den Preisen nicht zu übertreiben. Sie war damit den radikalen Elementen ein Dorn im Auge.

In Kuwait jedoch glaubte man niemals recht an eine Gefahr. Die Amerikaner hatten immer wieder versichert, daß sie an der Erhaltung des Staates lebenswichtig interessiert seien. Auch nahm man an, mit dem gewaltigen Reichtum könne man einen potentiellen Feind durch massive Zuwendungen immer noch zum Einlenken bewegen. Das war vor allem während des iranisch-irakischen Krieges die Politik des Emirats. Als der Irak vor dem Zusammenbruch stand, waren es die kuwaitischen Kredite, die das Saddam-Hussein-Regime am Leben erhielten. Diesem Land sowie Saudi-Arabien verdankten die Iraker ihren Sieg über die Iraner. Auch hatte Bagdad im Laufe des Konfliktes immer wieder die Nachbarn seiner ewigen Freundschaft versichert und deren territoriale Integrität garantiert. Was die schönen Worte wert waren, wissen wir heute.

Nicht nur Kuwait, sondern auch Saudi-Arabien, sein wirtschaftlich stärkster Partner im Golfrat – einem EG-ähnlichen Zusammenschluß, zu dem zum Beispiel auch das Sultanat Oman oder die Vereinigten Arabischen Emirate zählen –, erwies sich als reich und schwach. Reichtum aber erzeugt Neid und Schwäche Aggressionen.

Ähnliches ließe sich über Westeuropa sagen. Lehnen wir auch in Zukunft die Verantwortung für unsere eigene Verteidigung ab und glauben wir weiterhin, uns könne nichts geschehen, da wir friedlich und wohlhabend sind, könnten wir über kurz oder lang so gefährdet sein wie die Golfregion, die ohnehin mit unserem Schicksal eng verknüpft ist.

Abgesehen von den institutionellen Fragen und dem Problem der grundsätzlichen Einstellung müssen wir außerdem wieder lernen, in weltweiten Zusammenhängen zu denken. Die Neuordnung der Nato, der Zusammenschluß Europas auch über den früheren Eisernen Vorhang hinaus und die Auswirkungen des sowjetischen Zusammenbruches sind sicher vorrangig. Unsere Verantwortung reicht aber weit darüber hinaus, von unseren Abhängigkeiten – etwa auf dem Gebiet der Rohstoffe – ganz abgesehen.Hier steht an erster Stelle die Frage nach dem Verhältnis zu unseren islamischen Nachbarn. Die Geschichte zeigt, daß die Folgen der Kriegspropaganda, ohne die »moderne« Volkskriege nicht geführt werden können, langfristig fast noch zerstörender wirkten als die Wunden, die mit der Waffe geschlagen wurden. Es bildeten sich Vorurteile und Legenden, die, weil sie weitgehend auf Unkenntnis fußten, nur schwer ausgerottet werden konnten.

Bei uns in Europa war es nicht zuletzt das verzerrte Frankreich- und Deutschlandbild, das dem Erdteil unendlichen

Schaden zufügte, bis schließlich die grandiosen Gesten der Versöhnung zwischen zwei Großen unserer Zeit – Adenauer und de Gaulle – dem Unheil ein Ende gesetzt haben. Jede Art von »Erbfeind-Propaganda« ist besonders dann gefährlich, wenn sie auf falschen Auffassungen oder Vorurteilen fußt. So wurde im Falle der Golfkrise – bewußt oder unbewußt – die Natur des Saddam-Hussein-Regimes verkannt. Man sprach immer vom islamischen Fundamentalismus. Dabei war unter allen arabischen Staaten der Irak der einzige, der stets eine gänzlich laizistische Verfassung hatte. Saddam Hussein selbst bezeichnete sich wohl auf dem Papier als Mohammedaner, aber sein Leben und sein Wirken bewiesen schlüssig, daß er von Anfang an mit seiner Religion nichts zu tun haben wollte. Seine Baath-Partei hat ein rein sozialistisches Programm und wehrte sich stets gegen den Einfluß der Religion auf die Politik. Wenn Al-Baath plötzlich vom »Heiligen Krieg« oder von der Befreiung der traditionellen Stätten des Islams spach, war das ausschließlich Sympathiewerbung, keineswegs aber innere Überzeugung.

Es wäre also ein großer Fehler von seiten des Westens, die Schuld an solchen Ereignissen dem Islam zuzuschreiben. Dieser hat ebensowenig mit der Politik eines Saddam Hussein oder Gaddafi zu tun wie etwa das Christentum mit dem Nationalsozialismus. Im Gegenteil – wirklich gläubige Mohammedaner – überwiegend Sunniten – lehnen solche Regime ab, wie es die Haltung von Saudi Arabien, den Emiraten, Oman, Ägypten, Pakistan oder Marokko in den letzten Jahren wiederholt zeigte. Allerdings sind manche dieser Staaten von innen oder außen gefährdet und bedürfen unserer Hilfe.

Doch nicht nur der Islam hat mehr Facetten, als man bei uns glaubt. Es wäre gleichermaßen falsch, die Schuld an den vielen Tragödien des Nahen und Mittleren Ostens den Arabern als Volk zuzuschreiben. Gewiß, es sind von ihrer Seite aus viele Fehler gemacht worden. Aber die Wurzel des Übels liegt bei den Diktaten der Alliierten am Ende des Ersten Weltkrieges. Damals wurden anstelle des osmanischen Reiches viele Kleinstaaten geschaffen, die meist kaum eine geschichtliche Rechtfertigung hatten, aber gut in das Konzept der Sieger paßten. Denn England wie Frankreich – damals noch stolze Kolonialmächte – waren an der Aufsplitterung interessiert, weil sie darauf ihre Herrschaft in der Region begründen wollten. So entstanden der Irak, aber auch Jordanien und Syrien, in ihrer derzeitigen Form. Die schweren Unruhen gegen die Franzosen in Damaskus oder auch der Aufstand des Raschid Ali el-Ghailani im Irak haben das zur Genüge bewiesen.

Ein großer arabischer Staatsmann, der später ermordete Nuri Said, Ministerpräsident des Irak, hatte dies erkannt. In Gesprächen hat er mir gegenüber immer wieder auf das Verbrechen der Zerstörung des Osmanischen Reiches hingewiesen, auf die mangelnde Verwurzelung, ja Legitimität der neuen Staaten und daher auf die Notwendigkeit, im Nahen Osten föderale oder konföderale Ordnungen zu schaffen, um, soweit möglich, die Funktion des türkischen Reiches zu ersetzen. Er legte – obwohl durchaus arabisch eingestellt – größtes Gewicht auf die Feststellung, daß eine Lösung ohne Einbeziehung der Türkei kein dauerhaftes Gleichgewicht schaffen würde. Schon deshalb sollte die EG enger als bisher mit Ankara zusammenarbeiten – die

Türkei ist unsere natürliche Brücke zur Arabischen Halbinsel wie zu den Völkern Zentralasiens. Letztere gewinnen zunehmend an Bedeutung, weil ganz Asien einen ungeahnten Aufstieg erlebt. Der eurasische Doppelkontinent wird im nächsten Jahrhundert völlig anders aussehen als heute. Jetzt noch überwiegend sowjetisch, wird dieses Gebiet in Zukunft von zwei Polen bestimmt sein, nämlich von Europa und vom aufsteigenen Ostasien. Schon heute leben in Asien zwei Drittel der Menschheit. Die mehr als eine Milliarde Chinesen wird sich – trotz des Rückschlages, den das Massaker auf dem Platz des Himmmlischen Friedens mit sich brachte – über kurz oder lang mit dem technologisch und wirtschaftlich hochentwickelten Japan zu einer bestimmenden Kraft in der Welt zusammentun. Dasselbe gilt für die sogenannten »kleinen Tiger« in Südostasien, wie Malaysia, Thailand oder Taiwan, und für den freien Teil Koreas. Selbst Indien, dessen Bevölkerung sich der Milliardengrenze nähert, hat industriell an Bedeutung gewonnen und exportiert sogar Lebensmittel.

Natürlich gibt es in Asien noch Hungergebiete, doch liegt dies meist an Korruption und Schlamperei in der Verwaltung, an politischen Fehlern oder an der sehr schlechten Infrastruktur. Reformen auf diesen Gebieten zu unterstützen, ist eine wichtige Aufgabe für uns Europäer.

Eine der großen Herausforderungen der künftigen Weltmacht Europa ist auch, die Auswirkungen der Vorgänge in Eurasien auf Afrika und Lateinamerika im Auge zu behalten. Über die Eindrücke aus nächster Nähe hat man bei uns etwas den Blick für den Rest der Welt verloren. Das ist, will man eine zukunftsorientierte Politik machen, ungünstig, denn heute ist es nicht mehr möglich, irgend einen Winkel der Erde unbeachtet zu lassen.

Jalta hat sich wohl in erster Linie direkt in Europa ausgewirkt, es hat aber auch ein weltweites System geschaffen, das über die Grenzen unseres Erdteiles hinausreichte. In der Regel sandten die Supermächte UdSSR und USA andere in den Kampf. In zwei Fällen, Vietnam und Afghanistan, haben sie allerdings versucht, mit eigenen Kräften direkt einzugreifen. Beide Male gab es einen schweren Fehlschlag.

Der Ost-West-Konflikt wurde auch in anderen Gebieten der Welt ausgetragen, so im Indischen Ozean, in gewissen Regionen Afrikas – wie in Äthiopien – und nicht zuletzt in Mittelamerika. Mit Recht hat Präsident Bush anläßlich des Treffens in Malta Gorbatschow darauf aufmerksam gemacht, daß es solche Relikte des kalten Krieges noch gebe, wie zum Beispiel Kuba. Er hat daher – durchaus berechtigt – gefordert, daß Jalta auch hier beendet werde und daß die Sowjetunion ihre Unterstützung für die Kleintyrannen der letzten kommunistischen Staaten der westlichen Hemisphäre einstellen möge.

Dies ist schon darum geboten, weil viele der Nöte und Sorgen Lateinamerikas damit zusammenhängen, daß es zum Spielfeld oder Tummelplatz fremder Ideologen beziehungsweise ihrer einheimischen Nachahmer wurde. Dieses Phänomen war nicht auf die verschiedenen Spielarten des Marxismus beschränkt. Auch linkskatholische Kreise und andere sogenannte fortschrittliche Christen in Europa sahen in der Befreiungstheologie eine Möglichkeit, Fernstenliebe zu üben und ihr eigenes schlechtes Gewissen zu beruhigen, ohne auf Wohlstand und europäische Annehmlichkeiten verzichten zu müssen. Dabei opferten sie die ohnehin denkbar bescheidenen Aufstiegschancen gewisser Schichten in Lateinamerika ihren wirren Vorstellungen, denn ohne Marktwirtschaft ist auch dort keine Gesundung möglich.

Eine solche wird sich allerdings niemals einstellen können, solange die Menschen dieser Staaten nur von der Hand in den Mund leben und – bis auf eine schmale Oberschicht – nicht über den Tag hinaus zu planen lernen. Bezeichnend ist, daß mittellose Asiaten, als Flüchtlinge in Südamerika angekommen, binnen kurzem zu beträchtlichem Wohlstand gelangen, während Massen von Einheimischen arm bleiben und in Apathie versinken. Revolutionäre Kräfte werden solche Gegensätze natürlich immer geschickt ausnutzen, weswegen Mittel- und Südamerika auf absehbare Zeit unruhig bleiben werden.

Das gilt auch für den afrikanischen Kontinent. Ein besonderer Fall war stets das südliche Afrika. Dort hat es keine offenen Konflikte zwischen den Supermächten gegeben, wenn auch die Sowjetunion stark eingegriffen hat. So hat eine gewalttätige Organisation wie der ANC in Südafrika über Jahrzehnte hinweg eine ansehnliche sowjetische Unterstützung erhalten. Ihr Präsident im Ausland, Oliver Tambo, war seit jeher Kommunist, während der Vertreter im Inneren, Walter Sisulu, sich ebenfalls als Marxist und Anhänger der Gewalt bekannte. Sie verfügten über mächtige finanzielle Mittel. Ihre Ausrede, es handle sich lediglich um die – übrigens relativ geringen – Subventionen von seiten des Weltkirchenrates, erwies sich als unglaubwürdig.

Für die Sowjetunion war der Konflikt im südlichen Afrika

Teil einer Weltstrategie. Man hat nur zu oft die Bedeutung des Kaps der Guten Hoffnung übersehen. Dabei werden über 50 Prozent aller Waren, die derzeit zur See transportiert werden, auf dieser Route verschifft. Sollte daher Kapstadt in die Hände der einen oder anderen Macht, sei es direkt, sei es indirekt, fallen, würde dies die Weltwirtschaft entscheidend beeinflussen.

Dazu kommen die großen Rohstoffreserven der Südafrikanischen Republik. Wäre es jemals gelungen, diese in das sowjetische Wirtschaftssystem einzubeziehen, hätte es russische Monopole bei wesentlichen Materialien gegeben. Es ist kein Zufall, daß die Amerikaner gewaltige strategische Reserven angelegt haben, um in einer solchen Situation wenigstens für einige Zeit Widerstand leisten zu können. In diesem Zusammenhang muß man bedenken, daß auch Angola und Mozambique unter Breschnew zu sowjetischen Quasi-Kolonien geworden waren und Namibia ein ähnliches Schicksal drohte.

Das Interesse am südlichen Afrika ist von seiten der Supermächte inzwischen nicht geringer geworden. Nur ist heute die Lage anders. Mit dem Verfall der UdSSR als »Supermacht« und dem wachsenden Einfluß kleinerer Staaten und Staatengebilde sucht das südliche Afrika einen eigenen Weg. Begriff und Stellung der Frontstaaten waren auch ein Produkt des kalten Krieges und haben daher an Bedeutung verloren.

Gleichzeitig mit dieser weltpolitischen Entwicklung setzt eine wachsende Liberalisierung der Republik Südafrika ein. Gewiß, die lautstarken selbsternannten Wortführer des Weltgewissens wollen dies nicht wahrhaben. Jeder Schritt, den Südafrika in die richtige Richtung unternimmt, wird sofort als ungenügend bezeichnet. Auch wurden unrealistische Ultimaten gestellt, die undurchführbar waren, um dann wegen Nicht-Erfüllung der Forderungen die Kaprepublik zu verurteilen.

Trotzdem hat Südafrika weiter Fortschritte gemacht. Wer die Lage sachlich betrachtet, wird feststellen, daß sich die Dinge in den letzten Jahren grundlegend geändert haben. Das allerdings geschah schrittweise und gründlich, also nicht wie ein revolutionärer Sturm. Man versuchte Wirtschaft und Politik im Gleichschritt zu halten.

Diese Tatsachen haben zu einer Wandlung der Mentalität in den schwarzen Staaten Afrikas geführt. Sie wagen es zwar noch immer nicht, offen das auszusprechen, was z.b. ein kluger Mann wie Präsident Hastings Banda von Malawi gesagt hat. Dieser hatte den Mut, die diplomatischen Beziehungen mit Pretoria aufrechtzuerhalten, was der Wirtschaft seines Landes sehr zugute kam.

Nunmehr aber versuchen auch andere in Gesprächen mit Südafrika einen modus vivendi zu finden. Hier ist der Präsident von Zaire federführend; er hat eine wachsende Zahl von Verbündeten. Das gilt nicht zuletzt für Dos Santos in Angola und für Chissano in Mozambique.

Daß jeder Schritt nach vorwärts mit Drohgebärden und Geschrei verbunden ist, stört die Verhandlungen nicht, da die Südafrikaner genügend Erfahrung im Umgang mit ihren Nachbarn haben. Sie legen daher die Verlautbarungen von politischen Vertretern der schwarzen Staaten nicht auf die Goldwaage.

Nur im Westen scheint man noch immer nicht erkannt zu haben, daß hier ein Umdenken eingesetzt hat. Der Präsident der Elfenbeinküste, Houphouet Boigny, hatte schon früher einmal gemeint, man solle doch endlich die Südafrikaner als den weißen Stamm Afrikas betrachten. Nunmehr sollte man sie auch als solchen behandeln. Das ist künftig offensichtlich leichter möglich, als es in einer noch ideologisch verkrampften Vergangenheit war.

Die Entspannung in der Welt wirkt auch im südlichen Afrika. Doch niemand weiß, ob es nicht doch noch zu einem Putsch, einem Rassenkrieg – etwa zwischen den verschiedenen schwarzen Völkern des Landes, keineswegs nur zwischen Schwarz und Weiß – oder zu einem sozialistischen Niedergang des Landes kommt. Deshalb muß die potentielle Supermacht Europa auch auf diesem Gebiet umdenken.

Boykott, Wirtschaftssanktionen und ähnliches führen nicht zum Ziel. Nur realistische Wirtschaftsbeziehungen können den Entspannungsprozeß im südlichen Afrika fördern.

Nun muß das erstarkende Europa dementsprechend handeln. Südafrika ist ein wesentlicher Teil unserer globalen Ordnung und unserer Wirtschaft. Niemand kann ein Interesse daran haben, dieses Land zu destabilisieren bzw. eine Situation herbeizuführen, die allen, Schwarzen wie Weißen, nur zum Nachteil gereichen würde. Allerdings sollte man endlich auch im Westen den Mut haben, die Wahrheit zu sagen und trotz des gewaltigen Geschreis, das sich dann erheben wird, eine Politik zu machen, die den wahren Interessen der Völker – ob weiß oder schwarz – entspricht.

Dazu gehört freilich auch eine Versachlichung der ideologisierten Diskussion über Entwicklungshilfe. Bei der Unterstützung für die sogenannte »Dritte Welt« hat Europa schon heute die alten Supermächte überflügelt. Doch niemand will das wahrhaben. Hier werden einfach Behauptungen aufgestellt, die man dann als angeblich objektive Grundlage für alle möglichen Anklagen verwendet.

Ein Beispiel ist die oft verfochtene These, der Wiederaufbau Mittel- und Osteuropas führe in der EG dazu, daß man die sogenannte »Dritte Welt« abschreibe. Dabei ist doch eines von den Verantwortlichen unserer Entwicklungspolitik stets klargestellt worden: Wir werden alle Verpflichtungen, die sich aus den Lomé-Verträgen ergeben, einhalten, also, mit einem Wort, ebendas nicht tun, was man uns jetzt schon präventiv vorwirft.

Leider wird von seiten der Europäischen Gemeinschaft und ihrer Sachverständigen nicht mit genügend Nachdruck verlautbart, daß wir in letzter Zeit einen derart großen wirtschaftlichen Fortschritt erlebten, daß wir ausreichend Mittel hatten, um die Hilfsprogramme für andere Kontinente trotz der Ausgaben für Mittel- und Osteuropa zu finanzieren. Wenn nicht weltpolitische Krisen oder andere Faktoren einen Konjunktureinbruch bewirken, wird dies so bleiben.

Was allerdings dringend korrigiert werden muß, ist die durch unzählige Daten belegbare Tatsache, daß unsere derzeitigen staatlichen und gemeinschaftlichen Projekte meist nicht effizient und richtig durchgeführt werden. Örtliche Erfolge gibt es, und auf diese wird ständig hingewiesen. Wenn man aber darlegt, daß heute der zweithöchste Haushaltsposten bei der Europäischen Gemeinschaft die Entwicklungshilfe ist, ohne daß diese jedoch eine zufriedenstellende soziale Rendite erbringt, wird man sofort als Feind der Entwicklungshilfe beziehungsweise der Völker der »Dritten Welt« bezeichnet. So bewahrt man sich ein romantisches Bild, das der Wirklichkeit nicht annähernd entspricht, und versucht auf diese Weise die derzeitige Mißwirtschaft vor berechtigter Kritik zu schützen. Es muß endlich wieder erkannt werden, daß die Entwicklungshilfe dazu da ist, den Menschen zu helfen, auf eigenen Füßen zu stehen. Wir haben kein Interesse daran, Völker zu Almosenempfängern zu machen. Was wir erreichen wollen, muß sein, aus ihnen echte Partner für die entstehende Weltmacht Europa zu formen, damit sie ihre Position in der Welt selbst aufbauen und verteidigen können.

Dazu sind viele der derzeitigen Programme nicht geeignet. Das gilt insbesondere für das vielgepriesene STABEX-System, durch das der Preis der Rohstoffe festgesetzt wird. Das Krebsübel unserer gegenwärtigen Situation sind die Monokulturen in den Entwicklungsländern. Durch die Stabilisierung der Rohstoffpreise finanzieren wir förmlich das Überleben dieses Ungleichgewichts. Erst die freie Atmosphäre weltweiter Konkurrenz würde die Völker veranlassen, ihre Wirtschaft zu differenzieren, das heißt, nicht nur auf einem Bein zu stehen. Solange man aber die Rohstoffpreise künstlich hoch hält, wird dieser Druck zur Modernisierung und Umstellung der Wirtschaft fehlen.

Dazu kommt, daß oftmals die Nutznießer unserer Entwicklungspolitik die Hilfe aus privaten, meist kirchlichen Quellen mit den staatlichen Programmen in einen Topf werfen. Das ist gänzlich unberechtigt. Sogar der Gegner der nicht-offiziellen Hilfe, Indiens Chefsozialist Chandra Sekhar, hat schon einmal in einem Interview zugeben müssen, daß eine Rupie aus den Klingelbeuteln der Kirchen mehr ergibt als vier in den Händen des Staates. In seiner eigenartigen Logik hat er allerdings daraus geschlossen, daß man die privaten Bestrebungen abschaffen und dafür den Staat noch mehr stärken sollte. Da man bei uns diese Art schiefen Denkens hoffentlich nicht akzeptiert, wäre es im Gegenteil wichtig, erstens das Hauptgewicht auf die privaten Stellen zu übertragen, andererseits aber auch bei der offiziellen Entwicklungshilfe diese auf jene Bereiche zu beschränken, die es den Völkern erlauben, sich möglichst bald aus eigener Kraft zu erhalten.

Richtig verstanden, müßte es das erste Ziel der europäischen Entwicklungshilfe sein, überflüssig zu werden.

Sieht man sich jedoch die heutige Politik an, so wird man in vielen Fällen feststellen müssen, daß deren Orientierung genau das Gegenteil anstrebt und bewirkt, nämlich aus dieser Art von Entwicklungspolitik eine ständige Einkommensquelle für eine wachsende internationale Bürokratie zu machen. Solange man das tut, wird man den Völkern der »Dritten Welt« praktisch nur sehr wenig, ja vielfach gar nicht helfen.

Schon der Begriff »Dritte Welt« ist ja ein ideologischer Unfug. Zwischen Mali auf der einen Seite und Brasilien oder Malaysia auf der anderen klaffen Welten. Eine künftige Weltmacht Europa muß dies berücksichtigen, denn eine realistische Außenpolitik ohne nebulöse Leerformeln ist die Vorbedingung des Erfolges.

So kommen viele Aufgaben auf uns zu und alle gleichzeitig: Die Auflösung des Warschauer Paktes, die Gründung einer Europäischen Verteidigungsgemeinschaft in einer reformierten NATO, die Veränderung unseres weltpolitischen Bewußtseins und die Neuordnung unseres Verhältnisses zu anderen Kontinenten wie zur Entwicklungshilfe. Manchem erscheint dies als zu viel. Aber die Geschichte wartet nicht auf den Tag, an dem auch der langsamste bereit ist, sich ihr zu stellen. Die Weltmacht Europa muß rasch geschaffen werden.

Europa ohne Gott?

Das Europa-Parlament wurde in den letzten Jahren immer häufiger zur Tribüne für Politiker aus aller Welt, die sich mit einer einzigen Rede an die verschiedenen Völker unseres Kontinentes wenden wollten. Sie sprachen über Wirtschaft und Politik, Frieden und Menschenrechte. Auch die europäische Kultur fand – meist nur in einigen Nebensätzen – Erwähnung.

Ein Thema klammerten sie jedoch aus oder vergaßen es: Unser christliches Erbe, den Glauben, der unseren Kontinent erst geeint hat und nach verhängnisvollen Irrwegen nun wieder einigen kann. Mit wenigen Ausnahmen vermieden sie es vor allem peinlichst, von Gott zu reden.

Nur eine Gruppe von Gästen des Europa-Parlamentes begann ihre Ausführungen meist mit der Anrufung des Allmächtigen: diejenigen aus der islamischen Welt, an ihrer Spitze Ägyptens inzwischen ermordeter Präsident Anwar El Sadat.

Freilich erschien gerade dies manchem bei uns äußerst suspekt. Die Bedenken der Kritiker entsprachen einer weitverbreiteten Strömung im Bewußtsein der europäischen Völker. In der Diskussion nicht nur über den Islam, sondern auch über verschiedene andere religiöse oder halbreligiöse Erscheinungen ist in den letzten Jahren immer häufiger der Begriff des »Fundamentalisten« aufgetaucht. Mit diesem Ausdruck belegte man nun auch die muslimischen Besucher in Straßburg, bloß weil sie in ihren Reden Gott erwähnt hatten.

Interessant ist, daß niemand eine genaue Umschreibung des Begriffes »Fundamentalismus« vornehmen kann. Auf jeden Fall hat es einen negativen Klang, jemanden so zu nennen, ist bewußt unfreundlich. Ein Fundamentalist ist etwas Gefährliches, Intolerantes und Bösartiges, wobei die Tatsache, daß der Begriff schillert, dessen herabsetzende Wirkung noch verstärkt.

Zuerst wurde die Bewegung des wirklich intoleranten Ayatollah Khomeini als fundamentalistisch bezeichnet. Dabei entstand bereits das erste Mißverständnis. Der Schiit Khomeini war nicht etwa ein besonders konsequenter Verfechter des Islam, sondern ein Häretiker, das heißt ein Mensch, dessen Glaube nach Auffassung eines Großteils der – meist sunnitischen – Muslim mit der Grundaussage des Propheten nicht übereinstimmt.

Die Sunniten lehnen vor allem die schiitische Lehre ab, wonach es einen Zwölften Kalifen gebe, der wiederkehren werde, um das Reich Gottes auf Erden zu errichten. Doch auch viele Schiiten waren gegen Khomeini und versicherten, daß seine Verbrechen durch ihren Glauben nicht gerechtfertigt werden könnten.

Von alledem nehmen unsere berufsmäßigen Antifundamentalisten nicht viel Notiz. Ihre Formeln sind viel einfacher als die genannten komplizierten Sachverhalte: Da Khomeini als zumindest äußerlich frommer Mensch so schwere Schuld auf sich geladen habe, müßten alle gläubigen Muslim eine öffentliche Gefahr bedeuten. Ja, mehr noch: Man beschränkte diese Stimmungsmache nicht auf die Gegnerschaft zum Islam, sondern bemühte sich, auf diese Weise alle religiös gebundenen Menschen zu diskriminieren.

Diese geschickte Operation richtete sich nunmehr auch gegen jene Anhänger christlicher Kirchen, die sich ihrem Glauben zutiefst verbunden fühlen. Der Unterschied zwischen religiös und fundamentalistisch war plötzlich weggewischt, und man konnte jeden, der nicht in das Schema gewisser sich aufgeklärt nennender Kreise paßte, einer Vorverurteilung ausliefern, ohne deshalb der Glaubensverfolgung angeklagt zu werden.

In unseren Tagen gibt es eine Reihe solcher Killerphrasen, mit denen man den Gegner erschlagen kann, ohne einen Beweis für seine wirkliche oder vermeintliche Schuld erbringen zu müssen. Typisch dafür ist zum Beispiel der Begriff »faschistoid«, den man ebenfalls unbeschränkt ausdehnen kann. So erlebte ich bei einem Interview mit einer großen Fernsehanstalt, daß mich der politisch links außen stehende Reporter – wie später in der gleichen Sendung auch der Moderator – dadurch zum Extremisten stempeln wollte, daß er das Festhalten am Wiedervereinigungsgebot des Grundgesetzes »faschistoid« nannte.

Ein Jahr später, als die Massendemonstrationen in der »DDR« tatsächlich die Wiedervereinigung vorbereiteten, galt dieses verschwommene Schimpfwort plötzlich für all die tapferen Menschen, die in Leipzig, Berlin oder Dresden auf die Straße gingen.

Ähnlich handelt man im Zuge der immer heftiger werdenden Diskussionen über Glaubensfragen. In letzter Zeit wurden vor allem die neu berufenen Bischöfe und Weih-bischöfe im deutschsprachigen Raum zu Fundamentalisten ernannt, weil sie offen zugeben, noch an Gott zu glauben und die Treue zum Papst, vor allem in dogmatischen Fragen, zu bewahren.

Mit ihren Ansichten setzte sich fast niemand sachlich auseinander. Es war viel einfacher, sie des Fundamentalis-mus zu bezichtigen. Wer so oberflächlich argumentiert, lädt schwere Schuld auf sich, denn er nützt den atheistischen Kräften. Natürlich gibt es auch einen religiösen Extremismus, der abzulehnen ist. Bedrohlicher ist jedoch die totale Glaubenslosigkeit, die mit schrankenloser Unmoral Hand in Hand geht. Es hat immer wieder Ideologen gegeben, die meinten, jen-seits von Gut und Böse zu stehen. Unsere technischen Mittel in den Händen von »Führern« ohne jede religiöse Bindung sind im Gegensatz zum Gespenst des Fundamen-talismus wirklich geeignet, Furcht einzujagen.

Die europäische Geschichte kennt Licht und Schatten. Sicher ist aber, daß wir ohne Christentum nicht zur Insel der Freiheit in einer Welt geworden wären, in der Diktatur und Rechtlosigkeit nach wie vor überwiegen.

Am Anfang Europas stand nicht nur die Evangelisierung des Mittelmeerraumes durch den Apostel Paulus, dem in einer nächtlichen Vision ein Mazedonier erschienen war, der ihn bat:»Komm herüber und hilf uns«. Auch nördlich der Alpen, bei der Entstehung dessen, was man heute Abendland nennt, ging der entscheidende Anstoß von christlichen Missionaren und Kirchenlehrern aus.Den Heiligen Augustinus und Benedikt sowie später den füh-renden Geistern der karolingischen Epoche verdanken wir die wichtigste Errungenschaft des christlichen Abendlandes, nämlich den Rechtsstaat.

Im Lichte der deutschen Wiedervereinigung sollte man sich außerdem eines anderen Wegbereiters Europas erinnern, des heiligen Bonifatius, des Apostels der Deutschen. Er kam aus England zu den Germanen. Er taufte die Heiden und wirkte als Wandermissionar, doch das haben andere vor und nach ihm auch getan. Seine große Leistung liegt vielmehr darin, daß er den Germanen ein festes religiöses und kulturelles Fundament gegeben hat und damit auch politisch etwas schuf, das die Zeiten überdauerte. Er gründete, wie Benedikt, ein Netz von Klöstern und Schulen und errichtete die bayerischen Diözesen, die ihrerseits wieder für die Slawen die integrierende Rolle übernommen haben. Der englische Apostel der Deutschen wirkte aber auch weiter im Westen, wo er bei der Synode von Soissons im Jahre 744 maßgeblich zur kirchlichen Neuordnung im heutigen Frankreich beitrug.

Über das Aachen Karls des Großen und die Erneuerung des Reiches unter Otto dem Großen, der die Translatio Imperii durchführte, gelangte das Erbe der Griechen und Römer, verbunden mit dem christlichen Glauben, in die Mitte Europas.

Das Heilige Römische Reich, das, im Gegensatz zum teuflischen Anti-Reich des Adolf Hitler, tatsächlich tausend Jahre bestand, war stets auf Gott hin orientiert. Natürlich war es wie alles Irdische fehlerhaft, seine Herrscher waren mit der Erbsünde belastet wie jeder Mensch. Doch die Kaiser und Könige auf dem römisch-deutschen Thron suchten immer wieder den Weg zum Glauben, zumal auf der Reichskrone, dem ehrwürdigsten Symbol des Abendlandes, wie eine Mahnung stand: »Per me reges regnant« – »Durch mich regieren die Könige«.

Dies war das echte Gottesgnadentum, und es war ganz anders geartet als jene Karikatur, die der französische Absolutismus im Gefolge der Aufklärung aus diesem Begriff machte. Das Gottesgnadentum bedeutet ja nicht, daß sein Träger besser ist als andere Menschen und daher von Gott privilegiert. Die Herrscher von Gottes Gnaden wurden vielmehr so genannt, weil sie wußten, daß sie ihre Macht über andere Menschen nicht aus eigener Vollkommenheit besaßen, sondern daß diese ihnen von Gott anvertraut war. In diesem Sinne kann es Gottesgnadentum übrigens auch in Republiken geben.

Für ihr Leben und ihre Regierung schuldeten die Kaiser des Heiligen Römischen Reiches Gott Rechenschaft. Er war die Quelle des Rechtes, dem auch sie unterworfen waren. Erst die Rechtsphilosophie eines Bodin schuf dem französischen Absolutismus eine neue, für den Herrscher bequemere Deutung: Er sprach nicht mehr Recht, wie der Kaiser des Heiligen Römischen Reiches, der sich als »arbiter«, als Schiedsrichter verstand, sondern war dessen Ausgangspunkt. Der bourbonische König stand über den Gesetzen, die er erließ.

Ein weiterer Unterschied zwischen der alten Reichsidee des Mittelalters und dem königlichen Absolutismus der Neuzeit bestand darin, daß erstere eine übernationale Ordnung verwirklichen wollte, letzterer hingegen zum Vorläufer des angeblich modernen Nationalstaates wurde. Symbol der weltweiten Reichsidee ist in besonderer Weise der Reichsapfel, eine Erdkugel, auf der ein Kreuz als Zeichen göttlicher Weltherrschaft steht. Dieses rechtliche

Prinzip kennt keine Grenzen. Die Lehre von der Volkssouveränität, die als Grundlage der Nationalstaatlichkeit aus der Französischen Revolution geboren wurde, sieht hingegen in der jeweiligen Nation den alleinigen Träger des Rechtes.

Zweihundert Jahre lang bestimmte diese Vorstellung die europäische Geschichte. Zwischen den Völkern herrschte das Recht des Stärkeren. Erst nach dem Zweiten Weltkrieg entsann man sich auch auf Seiten der Regierungen des früheren Konzeptes einer übernationalen Ordnung, nun in Form der europäischen Einigungsbewegung. Nicht zufällig ähnelt die älteste Europafahne, die der Paneuropa-Union, in ihrer Aussage der des Reichsapfels: Das Kreuz Christi vor der Sonne der Weisheit inmitten eines Kranzes von zwölf Sternen, der die europäischen Institutionen versinnbildlicht und dem Bildnis der Gottesmutter in der Apsis des Straßburger Münsters entnommen ist.

Zum europäischen Erbe, das jetzt wieder lebendig wird, gehören aber auch die Überlieferungen der alten mitteleuropäischen Königreiche. Von der Stephanskrone war schon in einem anderen Kapitel die Rede. Die Magyaren sahen auch im zwanzigsten Jahrhundert in ihr kein Museumsstück, sondern eine Reliquie.

Die ungarische Krone war in der Geschichte niemals nur ein prunkvoller Kopfschmuck des Königs. Dieser leitete vielmehr seine Legitimität von ihr ab. Die Stephanskrone mit ihrem Kreuz ist der mystische Träger der staatlichen Souveränität des tausendjährigen Ungarn, die – wie auch im Heiligen Römischen Reich – dem göttlichen Recht untergeordnet war.

Deshalb war es in den Jahren vor der Beseitigung der

kommunistischen Herrschaft in Budapest selbstverständlich, daß die Ungarn – trotz jahrzehntelanger atheistischer Propaganda und Erziehung – eine Plakette mit der »Heiligen Krone« am Revers trugen, um ihre Westorientierung zu unterstreichen und gegen das marxistische Regime zu protestieren. Mittlerweile ist die Stephanskrone wieder im Staatswappen zu sehen, obwohl dies auch manchen von den neuen Machthabern nicht genehm war. Doch der Druck der Öffentlichkeit war zu stark.

Eine ähnliche Aussage steckt übrigens auch in der böhmischen Wenzelskrone. Diese erinnert an jenen tschechischen Herzog, der sich dem Westen, dem Reich zuwandte und sich eindeutig zum Christentum bekannte. Deswegen ermordete ihn sein Bruder.

Heute ist der heilige Wenzel nicht nur ein christlicher Märtyrer unter vielen, sondern eine der wegweisenden Gestalten für das künftige Europa. Als Vaclav Havel nach seiner Präsidentenwahl am Tedeum im Prager Veitsdom teilnahm, um Gott für die Befreiung von den Kommunisten zu danken, zeigte er sich vor allem ergriffen, als der traditionelle Wenzelschoral gespielt wurde.

So wie das alte Europa ohne Gott nicht entstanden wäre, darf auch das neue nicht einfach ein großer Markt oder eine große Verwaltung sein. Weder der Kommunismus im Osten noch der Konsum im Westen geben eine gültige Antwort auf die letzten Fragen der Menschen. Wenn der Kommunismus zerbrochen ist, weil ein gottloses System keinen Bestand haben kann, so gilt das auch für das materialistische Gebilde, das gewisse Marktfetischisten aus der Europäischen Gemeinschaft machen wollen.

Natürlich brauchen wir eine freie und soziale Wirtschaft,

denn nur eine solche funktioniert und dient den Menschen. Doch ein Europa ohne Christentum müßte wie ein Kartenhaus zusammenfallen, denn ihm fehlte die Seele. Was aber bedeutet dies praktisch?

Als Christen glauben wir, daß der Mensch ein Ebenbild Gottes ist und nicht nur eine Anhäufung von Zellen. Er hat Rechte, die ihm keine Rasse, keine Klasse und kein Kollektiv gegeben hat und die diese ihm auch nicht nehmen dürfen. Die Würde des Menschen ist göttlichen Ursprungs und steht daher über der Macht des Staates.

Dies ist auch für eine europäische Verfassung von größter Wichtigkeit. Das deutsche Grundgesetz hat aufgrund der Erfahrungen mit dem Nationalsozialismus den Grund- und Menschenrechten einen höheren Rang als anderen Teilen der Verfassung verliehen und sie dem Zugriff einer noch so großen Mehrheit entzogen.

In der Präambel spricht es von der Verantwortung vor Gott und den Menschen. Gott steht somit eindeutig am Anfang der Rechtsordnung. Vor allem deshalb versuchen sozialistische und alternative Kreise die deutsche Wiedervereinigung zu nutzen, um diese ihrer Ansicht nach veraltete Verfassung durch eine neue zu ersetzen. Da auch gewisse liberalistisch-bürgerliche Kräfte mit allem einverstanden sind, solange nur die Marktwirtschaft nicht angetastet wird, ist die Gefahr eines Umsturzes der Rechtsgrundsätze in Deutschland größer, als mancher denkt.

In Österreich wiederum sollte man erkennen, daß die Kelsen-Verfassung, die die Grundrechte als gleichwertig mit den übrigen Verfassungsbestimmungen ansieht, der abendländischen Tradition nicht entspricht. Der Rechtspositivismus, der darin zum Ausdruck kommt, erlaubt es jederzeit, mit verfassungsändernder Mehrheit Personen oder Personengruppen in ihren Grundrechten zu beschränken und sie zu Bürgern zweiter Klasse zu stempeln, wie das ja heute schon teilweise der Fall ist. Im Sinne der Positivisten war auch Hitler Demokrat, solange er seine Verfolgungsmaßnahmen gegen Juden und andere durch Mehrheiten – die manipuliert waren – absegnen ließ.

Wer solche Bedenken äußert, erhält in der Regel die beruhigende Antwort, in unserer demokratisch aufgeklärten Nachkriegszeit sei es nicht mehr möglich, daß Menschen ihres rechtlichen Schutzes beraubt und unschuldig ermordet werden. Dabei geschieht dies millionenfach, ob in Deutschland, Österreich oder in anderen angeblich zivilisierten Ländern: Bei der Abtreibung wird hemmungslos der Schwächere dem Stärkeren geopfert. Das Schicksal junger Robben wühlt viele Menschen auf, während sie teilnahmslos zuschauen, daß unschuldige Kinder vor der Geburt einfach getötet werden, weil sie der Staat unter bestimmten Bedingungen oder während einer bestimmten Frist für vogelfrei erklärt hat.

Die nächsten Schritte auf diesem Weg in den Abgrund sind bereits programmiert: Wer dem Leben an dessen Anfang Fristen setzt, wird dies auch an seinem Ende tun. Schon ist die Diskussion über Euthanasie an Alten und Schwachen in vollem Gange.

Leider sind die Verteidiger des Rechtes auf Leben in der Defensive. Im Europaparlament kamen immer wieder Mehrheiten für Resolutionen zugunsten der Abtreibung zustande. Bei der Euthanasie könnte dies demnächst auch der Fall sein. Aus dem Osten drohen ebenfalls Gefahren, wie die Verankerung der von Walter Ulbricht ins »DDR«-

Recht eingeführten Fristenlösung im deutschen Einigungsvertrag beweist. Natürlich gibt es auch positive Gegenbeispiele wie Polen, das, gleich den Iren im Westen, mit überwältigender Mehrheit an das Lebensrecht der Ungeborenen glaubt.

Es ist höchste Zeit, daß die christlichen Kräfte in Europa die Wichtigkeit der unmittelbar bevorstehenden Entscheidungsschlacht um die künftige europäische Rechtsordnung erkennen. Nicht nur angeblich christliche Politiker, sondern auch hohe Amtsträger der Kirchen haben sich bislang zu sehr angepaßt und zur Abtreibung geschwiegen. Als Erzbischof Dyba von Fulda im Geiste des heiligen Bonifatius aus Protest gegen den Mord an Ungeborenen am Tag der Unschuldigen Kinder die Glocken läuten ließ, löste er einen Sturm der Entrüstung aus. Auch viele Bischöfe mißbilligten seine mutige Initiative mehr oder minder offen. Sie sollten sich der Vorkämpfer unseres christlichen Europa erinnern, die für ihren Glauben sogar den Tod riskierten. Der heilige Bonifatius wurde von den Heiden erschlagen, weil er die Götzenbilder umgestoßen hatte.

Die Götzen von heute sind nach Überwindung von Nationalsozialismus und Kommunismus vor allem der blinde Fortschrittsglaube, der meint, alles sei machbar und manipulierbar, sowie der hemmungslose Materialismus, der keinen anderen Wert kennt als den eigenen Vorteil und die Befriedigung aller Wünsche. Zu diesen Kräften einen klaren Trennungsstrich zu ziehen, ist nicht unchristlich, sondern unsere Pflicht.

Man hat es dem verstorbenen Kardinal Höffner sehr übelgenommen, als er einer alternativen Politikerin, die ohne

Wenn und Aber für die Freigabe der Abtreibung eintrat, entgegenhielt, damit sei »das Tischtuch zerschnitten«. Mit dieser Position der angeblichen Grünen, die den Umweltschutz nur als Tarnung für gesellschaftsverändernde Aktivitäten mißbrauchte, konnte es für ihn keine Verständigung geben. Er hielt sich an die Regel des heiligen Augustinus, zwar den Sünder zu lieben, die Sünde aber zu hassen. Klarheit ist oftmals wichtiger als bequemer Konsens. In der Heiligen Schrift heißt es: »Deine Rede sei ja, ja – nein, nein.« Der Herr spricht davon, daß er die Lauen ausspeien wird aus seinem Munde. Das sollten jene Christen bedenken, die gerne einen Kompromiß mit dem Zeitgeist eingehen würden. Die Möglichkeiten der Genmanipulation und die praktisch unbeschränkte Macht zur Zerstörung aufgrund der modernen Technologie rufen nach einem entschiedenen christlichen Bekenntnis. Dieses darf sich nicht in die Sakristeien zurückziehen. Parlamente und Massenmedien sind zu christlichen Missionsfeldern geworden.

Als vor zweihundert Jahren im Gefolge der Französischen Revolution die Göttin der Vernunft auf den Altar erhoben wurde, als man verkündete, Gott sei tot oder habe niemals gelebt, begann die bisher größte Krise der Menschheit. Diese mündete im zwanzigsten Jahrhundert in die Errichtung der Konzentrationslager des Nationalsozialismus wie der kommunistischen Gulags. Zu den Früchten dieses Ungeistes gehören auch die mörderischen europäischen Bürgerkriege, meist Weltkriege genannt, und die menschenfeindliche Abtreibungsmentalität unserer Wohlstandsgesellschaft.

Wenn wir nicht zurück zum Glauben finden, wird Europa nicht überleben. Papst Johannes Paul II. richtete bei der

Europafeier in Santiago de Compostela an unseren Kontinent den Appell:»Finde wieder zu dir selbst! Sei wieder du selbst! Besinne dich auf deinen Ursprung! Beginne wieder jene echten Werte zu leben, die deine Geschichte ruhmreich gemacht haben, und mache deine Gegenwart für die anderen Kontinente segensreich! Die anderen Erdteile blicken zu dir hin.«
Viele Europäer halten solche Aussagen für unrealistisch. Dabei ist es genau umgekehrt. Ein Europa ohne Gott, das wäre nichts anderes als ein zweiter Anlauf zum vergeblichen Turmbau zu Babel. Einen solchen aber können wir uns im neuen Jahrtausend keinesfalls leisten.

JAHRTAUSEND-WENDE

Wir stehen im letzten Jahrzehnt dieses Millenniums. Die Geschichte erzählt uns von der großen Furcht, die die Menschheit aus Anlaß der ersten Jahrtausendwende unserer Ära befallen hat. In unseren Tagen kann man zumindest noch nicht von einer echten Panik sprechen. Wohl aber müssen wir feststellen, daß es nicht nur eine geistige Krise gibt, deren Ausdruck ein weitverbreiteter Pessimismus inmitten des Wohlstandes ist, sondern daß sich auch objektiv die Ereignisse in der ganzen Welt überstürzen. Genauso wie man heute sagen kann, daß vor fünf Jahren kaum jemand an das glauben wollte, was inzwischen eingetreten ist, so müssen wir in Kenntnis der Entwicklung annehmen, daß die nächste Periode vielleicht eine noch tiefgreifendere Veränderung bringen wird. Jene »Entspannungspolitiker«, die in den siebziger und selbst in den achtziger Jahren die Teilung Deutschlands und Europas als »ewige Realitäten« bezeichnet hatten, sind jedenfalls endgültig als Illusionisten entlarvt. Obwohl manches noch im Dunkeln liegt, sind, wie in diesem Buch geschildert, die Kräfte bestätigt, die eisern am Selbstbestimmungsrecht und an der Wiedervereinigung festgehalten haben.

Blicken wir zurück auf unser Jahrhundert, so können wir in der gesamtgeistigen Entwicklung, die auch politisch entscheidend ist, feststellen, daß zu Anfang noch das vorherrschte, was Houston Stewart Chamberlain den Mythos des neunzehnten Jahrhunderts nannte. Das war der Nationalismus, der seit dem großen geistigen Erdbeben der Französischen Revolution vor mehr als zweihundert Jahren von einem Erfolg zum anderen geeilt ist. Die übernationalen, reichischen Kräfte, die sich ihm entgegenstellten, sind in diesem ungleichen Kampf unterlegen, zuletzt im Gefolge des Ersten Weltkrieges die beiden historischen Mächte, die am längsten durchhielten: das Osmanische Reich und die Donaumonarchie.

Dieser Nationalismus war im Politischen der Ausdruck des Materialismus in der Philosophie. Es gibt im menschlichen Leben immer eine Spannung zwischen Extremen. Materialismus gegen Spiritualismus, Haß gegen Liebe, Patriotismus gegen Nationalismus. Das sind im Grunde wohl ähnliche Emotionen, die aber immer von gegensätzlichen Polen ausgehen. Der Patriot liebt sein Land und achtet die übrigen Völker; der Nationalist vergöttert sein Volk und verachtet die anderen.

Der Mensch kann ohne Glauben nicht leben. Verjagt er Gott und seine moralische Ordnung, wendet er sich automatisch falschen Götzen zu, die den leer gewordenen Platz des Allmächtigen übernehmen.

Ein solcher Dämon war die Nation in der Begriffswelt des Nationalisten. Sie war im übertragenen Sinn der »Übermensch« jenseits von Gut und Böse. Das gab es übrigens nicht nur im deutschen Sprachgebiet, denn auch das englische Wort »right or wrong, my country« ist doch nichts anderes als der Ausdruck eines einseitigen Nationalismus, der einen moralfreien Raum schafft.

Erreichen wir das andere Ende der historischen Brücke, die unser Jahrhundert hin zur Jahrtausendwende bildet, finden wir die größte Integration aller Zeiten. Denn das, was sich unter unseren Augen nicht nur in der Europäischen Gemeinschaft, sondern im Streben aller europäischen Völker zu größerer Einheit abspielt, ist Ausdruck eines Einigungswillens, der wohl schon immer in unserer Welt bestanden hat, der aber heute offensichtlich die größten Chancen besitzt, endlich zur Tatsache zu werden. Wir stehen mit dieser Entwicklung also nicht vor einem völligen Neubeginn. Eine historische Stunde Null hat es seit der Schöpfung nie gegeben. Der Gedanke des europäischen christlichen Abendlandes hat die Großen unserer Geschichte durch die Jahrhunderte bewegt. Das begann bekanntlich bereits mit Benedikt von Nursia und ging von Karl dem Großen über Kaiser Karl V. bis hin zu Fürst Schwarzenberg, der Mitte des letzten Jahrhunderts das Konzept eines mitteleuropäischen Bundes entwarf. Die Reichsidee, der Orbis europaeus christianus und Mitteleuropa waren, so gesehen, ein Leitmotiv und ein Wunschbild, dem aber aus technischen Gründen die Verwirklichung nur unter außergewöhnlichen Persönlichkeiten und Bedingungen erlaubt war. Heute dagegen haben wir endlich jene praktischen Gegebenheiten, die uns erlauben, den Traum Karls des Großen zu verwirklichen.

Wie in allen menschlichen Dingen hat es eine Reihe von Etappen, Erfolge und Rückschläge, gegeben. Wir erlebten Stunden großer Hoffnungen, wie in den zwanziger Jahren nach den Initiativen führender Paneuroäer wie des französischen Außenministers Aristide Briand und seines deutschen Kollegen Gustav Stresemann, aber auch die Katastrophen, die durch den Sieg des Nationalsozialismus und die große Weltwirtschaftskrise herbeigeführt worden waren.

Wie in allen umwälzenden Epochen sind auch unsere Tage von Extremen gekennzeichnet. Wir haben außergewöhnliche Persönlichkeiten im Guten wie im Bösen hervorgebracht. Man kann sogar annehmen, daß noch niemals in der Menschheitsgeschichte so furchtbare Verbrechen in so hohem Ausmaß verübt wurden wie gerade in unserem Jahrhundert.

Zu den Großmördern wie Stalin und Hitler haben sich kleinere, nicht minder abscheuliche Figuren wie etwa Ceausescu in Rumänien oder Ayatollah Khomeini im Iran gesellt, die noch bis vor kurzem ihrem Terrorismus freien Lauf ließen.

All diesen Gestalten war eine Ideologie gemein, die es sich zur Aufgabe gesetzt hat, mit Gewalt ein Paradies auf Erden zu schaffen. In allen Fällen mußte oder muß dieser Versuch in die Hölle auf Erden führen. Der prometheische Versuch, sich an die Stelle Gottes zu setzen, endet jedes Mal mit einem furchtbaren Sturz in den Abgrund.

Auf der anderen Seite aber kennen wir wieder grandiose Persönlichkeiten, die in unserer Geschichte, wenn auch oftmals bescheiden auftretend, das Maß des Bösen aufwiegen. Hitler steht ein Pater Maximilian Kolbe gegenüber, so wie Mutter Teresa ein geistiges Gegengewicht zu Ayatollah Khomeini bildet.

Unser Jahrhundert brachte politische Propheten und Pioniere wie die Gründerväter Europas hervor, deren volle

Größe erst mit dem Siegeszug der Paneuropa-Idee aus der Distanz so richtig sichtbar wird, und Helden der Wissenschaft, wie etwa Dr. Fleming, der inmitten der Epoche des größten Massenmordes einen Durchbruch in der Medizin bewerkstelligte, der unzählige Leben rettete und rettet. Es ist ein verhängnisvoller Fehler, daß man, nachdem es die Sensation des Guten nicht gibt, in unserer Medienwelt fast ausschließlich die düsteren Seiten sehen will. Gerade darum sollte man die wirklich Großen, und das sind nicht die Massenmörder, herausstellen, denn sie bieten uns einen tröstlichen Ausblick.

Bäume, die im Bösen wurzeln, wachsen eben nicht bis in den Himmel. Man möge doch nicht vergessen: Es gab eine Periode der Verblendung, in der selbst ein britischer Liberaler wie Lloyd George die Deutschen beglückwünschte, daß sie einen »großen Führer« hätten. Nach dessen Niederlage schlug wenigstens im Westen die Stunde für ein freies Europa. Es gab die Anbeter Stalins, die einfach nicht sehen wollten, was sich in der Sowjetunion abspielte. Und 1989 erlebten wir wieder die »Sanfte Revolution« im östlichen Mitteleuropa. Das Böse ist eben laut und das Gute leise. Der Ton der Hölle ist schrill, während die Engel flüstern. Und trotzdem setzen sich die positiven Kräfte schließlich immer wieder durch.

Gegenwärtig ist vor allem die Überbewertung des Materiellen ein Alarmzeichen. Es gibt viele, die sich die Frage stellen, wieso es möglich ist, daß wir ausgerechnet in diesen Tagen des größten Wohlstandes der Menschheitsgeschichte von Drogen überschwemmt werden. Das ist keineswegs erstaunlich. Wohlstand ohne moralischen Inhalt endet immer im Grausen. Doch jenseits solcher Gefahren spüren wir Elemente der geistigen Erneuerung. Denn inmitten großer Wandlungen, da sich das Ende des materialistischen Zeitalters immer klarer abzeichnet, setzt auch die Wende zum Geist und zur Tradition ein. Kultur wird bei uns glücklicherweise immer größer geschrieben. Die Menschen streben wieder zu den Wurzeln. Noch niemals hat es so viele Heimatverbände, Heimatmuseen, Heimatbücher gegeben wie in unserer Zeit. Noch nie haben Menschen, die vor Jahrzehnten oder gar Jahrhunderten ihren Boden verlassen mußten, so intensiv wie heute nach dem Weg zurück gesucht. Am Anfang dieser Entwicklung stand das amerikanische Buch»Roots« eines schwarzen Schriftstellers, der über Generationen von Vorvätern hinweg im schwarzen Erdteil nach dem Vaterland seiner Ahnen forschte.

Diese aufbrechende Sehnsucht zeigt übrigens, wie unberechtigt es ist, wenn man von jenen unter uns, die aus ihrer angestammten Heimat vertrieben wurden, erwartet, daß sie nach einigen Jahrzehnten das Zuhause ihrer Ahnen vergessen. Es wurde sogar die zynische Bemerkung gemacht, die Frage der Heimatvertriebenen sei ein Problem der Ärzte und Totengräber. Das stimmt nicht. Auch nachkommende Geschlechter haben Bindungen an eine Heimat, die sie nicht gekannt haben oder aufgrund der Umwälzungen jetzt erst wieder kennenlernen dürfen.

Das Recht auf die Heimat verlöscht nicht in einer Generation. Die Juden haben dies bewiesen. Sie waren durch zweitausend Jahre dem Gedanken Zions treu geblieben. An jedem Langen Tag grüßten sie sich in den kleinen Synagogen Mittel- und Osteuropas mit dem Rufe:»Das nächste Jahr in Jerusalem«. Wie unrealistisch mag dies seinerzeit geklungen haben! Trotzdem, weil Israel nicht bereit war, die Heimat im Herzen zu verlieren, ist nach Jahrtausenden der Tag Jerusalems gekommen.

Die Orientierung hin zur Kultur und zu den natürlichen Lebensgrundlagen, die Sehnsucht nach dem Unbezahlbaren sind – bei vielen unbewußt – Ausdruck einer tiefen Wandlung hin zum Glauben und wirken sich auf ganz Europa aus. Wenn wir auch heute noch an den Ergebnissen eines materialistischen Jahrhunderts zu leiden haben, kann man trotzdem sagen: Wir stehen am Vorabend einer großen religiösen Epoche. Die neuesten wissenschaftlichen Erkenntnisse werfen mehr Fragen auf als sie beantworten. Die praktischen Ergebnisse wiederum zeigen, daß es auf Dauer ohne ein transzendentes Element nicht weitergehen wird. Mit Recht hat ein führender Wissenschaftler gesagt, daß es bei dem heutigen Kenntnisstand eigentlich nur mehr zwei Möglichkeiten für denjenigen gibt, der sich damit grundlegend befaßt: Entweder Selbstmord zu begehen oder ein gläubiger Mensch zu werden.

Im Gegensatz zu den Symbolen benachbarter Supermächte – Banken, Hochhäuser oder überdimensionale Gefängnisse – sind unsere Städte heute wie eh und je durch die Tempel des Geistes, die Kirchen und Dome, gekennzeichnet. Das gilt besonders für die Länder Mittel- und Osteuropas, die jetzt gerade in unsere Gemeinschaft zurückkehren. Die europäische Integration wird von einer geistigen Erneuerung begleitet, auch wenn der Kommunismus vieles zerstört hat. Der Kulturpatriotismus spielt heute wieder eine gewaltige Rolle. Mit Recht wurde gesagt, daß die Europa-Begeisterung in den Statistiken der EG erstickt ist. Man hat allerdings den zweiten Teil des

246

Satzes vergessen: Dauernde Europa-Begeisterung kann es nur im Ideellen geben. Es ist kein Zufall, daß die Gründerväter der Europäischen Gemeinschaft, wie Adenauer, Schuman und de Gasperi, tiefgläubige Menschen waren. Die europäische Einigung befindet sich spätestens seit Inkrafttreten der Einheitlichen Europäischen Akte am 1. Juli 1987 in einer dynamischen Phase. Es gibt noch Demagogen, die davon träumen, wir könnten aus diesem Europa aussteigen und einen nationalen Sonderweg gehen. Diese primitiven Stammtischpolitiker verstehen einfach nicht, daß der Zug bereits abgefahren ist und niemand mehr die Möglichkeit hat, diesen zu verlassen, ohne schweren Schaden zu nehmen. Die Dynamik der Entwicklung wird nämlich in den vor uns liegenden Jahren noch gewaltig zunehmen.

Hier sei noch einmal betont: Es steht uns insbesondere die Aufgabe einer europäischen Wiedervereinigung bevor. Der Wille aller europäischen Völker, zusammenzufinden, ist unwiderstehlich geworden. Da wir die Freiheit besaßen, mit dem Werk anzufangen, ist es unsere Aufgabe, die Erweiterung der Gemeinschaft in der Praxis zum Vorteil aller durchzuführen. Diese ist keine geschlossene Gesellschaft, auch wenn gewisse Brüsseler Bürokraten nach dem Verschwinden von Mauern und Stacheldrähten alles versuchen, um diese durch wirtschafts-technokratische Hürden zu ersetzen und ein Jalta der Funktionäre zu schaffen. Wir müssen erkennen, daß, entgegen der kurzsichtigen Auffassung der Nur-Ökonomisten, diese EG nicht das Recht hat, zukünftige europäische Partner auszuschließen, solange sie unseren Grundbedingungen entsprechen. Diese aber bestehen nicht im Schacher um Butterpreise und Stahlkontingente, sondern in den ewigen Grundsätzen, die unserer Achtung für den von Gott geschaffenen Menschen entspringen. Der Schutz der Menschenrechte und der Freiheit des einzelnen, auch in der Wirtschaft – sind juristisch unabdingbar. Sie entsprechen aber auch den abendländischen Idealen und sind der sicherste Weg zu einem europäischen Europa, in welchem der Grundsatz, daß die größere Einheit niemals Aufgaben übernehmen darf, die die kleinere zufriedenstellend erfüllen kann, jene Gemeinschaft in der Vielfalt garantiert, die unseren eigenen Weg gegenüber demjenigen der alten Supermächte charakterisiert.

Hier liegt die besondere Aufgabe Mitteleuropas. Es ist kein Zufall, daß die Rückbesinnung auf die geistige Mitte Europas – unser christliches Erbe und unsere reichisch-föderalistische Tradition – mit der Befreiung der geographischen Mitte unseres Erdteiles zusammenfällt. Die Stacheldrähte und Minenfelder haben die Völker und Volksgruppen östlich der Jalta-Linie bis 1989 von der europäischen Einigungsbewegung abgeschnürt, aber auch die europäische Einigung von ihrer eigentlichen geistigen Geburtsheimat. Die Paneuropa-Idee entstand eben auf dem Boden der alten Donaumonarchie. Nun muß sich Gesamteuropa aus seiner geographischen, historischen und geistigen Mitte heraus erneuern. Darin liegt unsere Herausforderung in den Jahren bis zur Jahrtausendwende. Erst dann werden wir unserer weltweiten Verantwortung, die den Beginn des nächsten Millenniums bestimmen wird, gerecht.